Larissa Manoela

HarperCollins
PUBLISHERS
Since 1817

Rua da Quitanda, 86, sala 218 – Centro – 20091-005
Rio de Janeiro – RJ – Brasil
Tel.: (21) 3175-1030

CIP-BRASIL. CATALOGAÇÃO NA PUBLICAÇÃO
SINDICATO NACIONAL DOS EDITORES DE LIVROS, RJ

M247m

Manoela, Larissa
O mundo de Larissa Manoela : a estrela como você nunca viu / Larissa Manoela. -- 1. ed. -- Rio de Janeiro : HarperCollins, 2017.
176 p. : il.

ISBN: 9788595080393

1. Manoela, Larissa. 2. Atrizes - Brasil - Biografia. I. Título.

17-41258 CDD: 927.92028
CDU: 929.792.071.2.028

O mundo de Larissa Manoela

A estrela como você nunca viu

HarperCollins Brasil

Rio de Janeiro, 2017

06 :: Sou menina e tudo me encanta

11 :: O Mickey existe

17 :: Qual é a sua princesa?

30 :: Lari radical

38 :: New York, New York

46 :: Meus 16 anos

58 :: Amor de mãe

72 :: Meu pequeno grande mundo

82 :: Vaidades

96 :: Fazer o bem faz bem

116 :: Entre borrachas e apontadores

144 :: Coisas boas da vida

171 :: Minhas frases favoritas

Sou menina
e tudo me
encanta ♥

Trecho da música "Minha alegria é viver", de Júlia Nascimento, Maria Eduarda e Xandreli Azevedo

Alma de criança, na simplicidade
eu busco a verdade
Minha alegria é viver
Vem, a vida é tão bela, vem, logo se entrega
Se tem fé na vida, então, acredita
Minha alegria é viver

Desse lado você pode sonhar
Desse lado você pode realizar
Aquilo que você quiser! Uo, uo, uo
Desse lado te chamo pra viver
Desse lado tenho muita coisa pra fazer
E é nesse mundo aqui que eu sou feliz!

Amores, amo esses versos da música "Minha alegria é viver", principalmente estes aqui:

Sou menina e tudo me encanta
Alma de criança, na simplicidade
eu busco a verdade

Desse lado você pode sonhar
Desse lado você pode realizar
Aquilo que você quiser! Uo, uo, uo

Sou uma sonhadora! Acredito em um mundo fantástico e, por isso, reservei um espaço do meu MUNDO para dividir com vocês. Meu sonho de criança sempre foi conhecer o mundo mágico da Disney. Para mim, lá é a terra da magia. Não importa quantos anos você tem. Sempre vai enxergar um lado mágico. Dá para acreditar em tudo que tem lá, porque, na minha opinião, eles fazem cada coisa se tornar especial.

Quando entramos nos parques da Disney, vemos uma frase que resume bem o que sinto: **"Where the dreams come true"**, ou: **"Onde os sonhos se tornam realidade."** Esses sonhos se tornam tão verdadeiros que vou contar várias coisas em que acredito. Estão preparados? Vamos lá!

O MICKEY existe!

Lari, como assim?

Sim, meus amores. O Mickey existe. Ao menos, na minha cabeça. 😬 Ele não só existe como mora no castelo, no qual tem uma suíte dele e outra da Minnie ❤️ .

Sempre acreditei nisso e continuo a acreditar. Para mim, eles existem. Não consigo sair da Disney e pensar que tem um cara dentro do Mickey que vai tirar a fantasia depois que todos se vão e TCHAU. Vai embora. NÃÃÃÃÃÃO. O Mickey existe e ponto-final! 👊

E, por favor, não fale perto de mim que ele não existe. Fico brava. 😠 Quando me falaram pela primeira vez:

"O Mickey é só um ator que veste a roupa e pronto!"

Fiquei muitooooo brava.

E não fiquei mal só por mim. Fiquei brava por ele. Eu tomei as dores do Mickey. É que assim, gente: ele existe! É como no filme da Tinker Bell: **Se você não acredita nas fadas, elas nunca vão ter uma vida ou continuar a história delas.**

ENTENDEU?

Dia desses, dei uma entrevista que muitos ficaram meio sem entender. Foi na coletiva de imprensa do filme *Meus Quinze Anos*. Falei que, para mim, estar no corpo da Bia, minha personagem, era muito diferente, porque eu estava aprendendo com ela. Os jornalistas começaram a me olhar estranho, do tipo: "Ei, menina, mas ela é você..." Não, jornalistas, ela não sou eu. Quando me olharam desse jeito, eu completei:

"Eu empresto o meu corpo pra Bia, porque a Bia existe. Eu apenas me entrego para vivê-la."

O Mickey é o que mais me emociona. Ele tem uma história. É como se fosse para sempre um personagem da minha infância.

Mas nem todos são assim. A fada do dente, por exemplo, hoje, pra mim, ela não existe. Deixei de acreditar nela, igual ao Coelhinho da Páscoa. Eu não acredito mais no Coelhinho, mas eu já acreditei porque ele parecia muito real: tinha as pegadinhas do coelho com dicas para eu ir atrás dos ovos e, na hora que eu estava perto de achá-los, minha mãe sempre fazia um barulho para eu ver onde estavam. Só que eu tinha um pouco de medo de encontrar o Coelhinho da Páscoa. SÉRIO! Não é para rir, leitores. Eu só começava a procurar meus ovos quando sabia que ele já tinha dado no pé. Perguntava para a minha mãe:

"Mãããããe, ele já deixou a cesta? Já foi embora?"

Não sei se era medo dele. Talvez eu tivesse medo de encontrar o Coelhinho da Páscoa e ele não ser aquilo que eu imaginava.

Fotos do filme *Meus Quinze Anos* | Créditos: Stella Carvalho

O BOM VELHINHO

Eu acredito em um só Papai Noel. Sei que não é ele que compra os meus presentes e tudo mais, mas acredito que existe UM que manda os encarregados dele ficarem no shopping ou passarem na casa das pessoas. Entenderam?

Tô coçando a cabeça aqui para explicar melhor. Vamos lá: eu sei que existe um "ser maior" que é O PAPAI NOEL. Ele é um "ser master" que faz os outros interpretarem o seu papel. O Papai Noel é tipo o Mickey na Disney.

O Mickey tem o lugar dele, e ele vive só lá, no Estado da Flórida, nos Estados Unidos. Em dezembro de 2016, na minha primeira ida a Nova York, vi um Mickey na rua. Óbvio que não acreditei. Eu sabia que tinha um cara ali dentro disposto a estragar a fantasia de uma criança. Ele estava lá fazendo poses, levantava a cabeça e pedia:

"ME DÁ DINHEIRO!"

Gente, ME DÁ DINHEIRO?! NÃÃÃÃÃO. O Mickey nunca ia pedir isso.

Mas o Papai Noel é um tanto diferente. Existe apenas um, mas eu não sei onde ele está e eu nunca o vi. É meio doido. É como se eu soubesse que ele existe; eu acredito nele e eu sei que ele é um bom velhinho. É como acreditar em Deus.

É óbvio que eu sei que Deus é incomparável. Incomparável a tudo. Sei que Ele está a todo o momento me vendo e cuidando de mim, cuidando de todos nós. Da mesma forma, eu também acho que o Papai Noel sempre está de olho, vendo o comportamento das crianças para que, no final do ano, elas ganhem os presentes. Entenderam o que eu quis dizer? Papai Noel existe, mas não sei onde ele está.

Mas e os outros Papais Noéis? Na-na-ni-na-não. Não acredito! Quando eu tinha cinco anos, deixei de acreditar no Papai Noel que aparecia lá em casa. Foi bem frustrante, porque todo mundo acreditava e eu sabia que não era o bom velhinho. Morava em Guarapuava ainda, mas eu sempre meio que fingia, enganava os meus sentimentos. Eu queria acreditar que era o Papai Noel, que ele sabia o meu pedido, ia à loja, comprava meu presente e trazia para mim em um saco vermelho com as renas e tudo mais. Deixei de acreditar quando eu cresci um pouco mais e comecei a entender que talvez o Papai Noel em que eu acreditava não fosse realmente o oficial, porque todo shopping tinha um Papai Noel diferente e não era o mesmo que eu queria ver. Comecei a pensar que cada um tinha uma personalidade. Eram pessoas diferentes. Às vezes, eu ia ao shopping e tinha um Papai Noel mais sério para tirar foto. Outro era muito legal. Outro sorria mais. Outro gostava de bater papo. Outro era bem rápido. Outro era novinho. Outro tinha uma barba de verdade. Em cada canto tinha um diferente.

Nessa idade, passei a acreditar — e ainda acredito — que só existe UM Papai Noel, que encarrega os outros das tarefas.

QUAL É A sua princesa?

Eu amo o mundo encantado das princesas!

Gosto porque faz parte do mundo mágico. Eu acredito muito que existem princesas espalhadas pelo mundo e meninas que vivem como essas princesas.

Eu tenho dois estilos de princesa preferidos:

A princesa clássica

E

A princesa moleca

A clássica é a Cinderela, e a moleca é a Rapunzel do desenho Enrolados.

Sou um misto dessas duas princesas.

Ahhhh, esqueci...

Ainda tem uma terceira que despertou meu interesse e que é muito EU.

Leitores amados, vou descrever e definir as três princesas da minha vida:

A Cinderela é a clássica, a princesa posuda e que faz a linha, sabe? Tipo eu, de vez em quando: está toda largada em casa, mas quando sai tem que fazer a plena, manter a pose, entenderam? Tem que sorrir para as câmeras, mesmo que tenha acontecido algo chato na vida, em casa ou na escola. Não pode fazer cara feia. A Cinderela é a Larissa Manoela diante dos holofotes, que aparece “montada”, no alto de um salto quinze, de vestido todo bonitão.

Na verdade, a Cinderela clássica é mais uma imagem. Jamais vou falar mal da Cinderela, porque ela é incrível, mas, vamos ser sinceras...

A Cinderela é só aparência.

Sabe aquela pessoa que desmorona quando acontece algo? Ela tem muitas nuances. Ela começa na lama, é esnobada pelas irmãs e pela madrasta, tem que faxinar a casa e, de repente, aparece uma fada madrinha que chega e diz:

Aí, ela conquista o príncipe, se encanta pelo momento e, quando soam as doze badaladas, ela tem que ir embora correndo, porque pode dar tudo errado. Como ela é só aparência, não quer ser vista como a gata borralheira. Depois, tem a volta à realidade. Sinto que ela gosta de estar por cima, mas parece que ela prefere estar na lama, do tipo: "Ai, como eu sofro!"

Preciso confessar que eu não sou assim, não. Sou mais a clássica que arrasa no baile mesmo! hahaha! A Cinderela é meio a Bia de *Meus Quinze Anos*. Ela é montada para arrasar! E ela arrasa, tanto que tem que ir embora, porque se ela aparece toda ferrada na frente de todo mundo vai ser muito zoada. A Bia, por exemplo, não quer ser vista pelos outros se não estiver bonita. Ela não quer que ninguém olhe para ela, porque é feia, é zoada, é impopular, não tem amigos, é cheia de medos.

A Rapunzel, de *Enrolados*, sou eu na frente das minhas amigas: falo besteira, de pés descalços e não tô nem aí. Quero mais é ficar descalça, deitar, me jogar no sofá, fazer qualquer coisa.

MAKALA

Fotos do filme *Meus Quinze Anos* | Créditos: Stella Carvalho

Agora... a Moana... como posso explicar? É a nova princesa que me conquistou por ela SER ela e correr atrás dos objetivos, sem precisar de um boy. A Moana foge do padrão de beleza de todas as princesas da Disney. Ela tem um cabelão longo e crespo, é uma princesa forte — não é magrinha, não tem uma silhueta toda definidinha. É uma princesa troncuda, com bração.

A Rapunzel está entre a Cinderela e a Moana. Ela é uma princesa um tanto clássica — branquinha, loira com olhos verdes. Só que anda descalça e não dá a mínima para isso.

A Moana é, tipo, "pá!". Ela não depende de ninguém. Ela não tem um príncipe. Aliás, nem toca no assunto. Ela é mais ela, e é isso que ela quer ser. É uma princesa independente, vai atrás das coisas e CONSEGUE. Acho demais! Ela não precisa de um príncipe para ter uma historinha romântica, fofa, melosinha, bonitinha.

Aí, vocês devem estar se perguntando com qual delas eu me identifico mais.

Difícil, hein?

HUMMMMMM...

Calma. Querem sinceridade? Acho que as três. Ai, é que são padrões diferentes. Não é fácil responder assim rápido. Me ajudem. Me falem de vocês. Com qual das três princesas vocês mais se identificam?

COM QUAL DAS TRÊS PRINCESAS VOCÊS MAIS SE IDENTIFICAM?

- [ ] Cinderela
- [ ] Rapunzel
- [ ] Moana

É muito doido! E é muito doido me ver nelas, mas eu sou muito as três.

Pensei aqui e a minha resposta é:

A minha preferida é a Rapunzel de *Enrolados*, porque ela é um misto das outras duas. Ela está no meio. É a princesinha sonhadora clássica, que acredita em príncipe encantado, namora, tem o primeiro amor, só que ao mesmo tempo é desencanada. Ela é meio maluca, porque não se deixa entregar logo de cara. Isso é muito EU. Ela não se entrega de cara, mas se deixa levar até ver que é realmente sério. Ela dá umas frigideiradas na cara do príncipe, porque não sabe quem é ele. Ela é megadesconfiada. Nem imagina que aquele príncipe é a pessoa que vai completá-la. Então, a que mais me define é a Rapunzel, porque eu tendo muito para o lado da Cinderela (sou muito sonhadora, vocês sabem), mas eu também tenho uma parte que é a cara da Moana.

A RAPUNZEL É PERFEITA.

MAIS PRINCESAS

Quando eu era menor, minha preferida era a Branca de Neve. Via o desenho todos os dias e chorava todos os dias. 😭 Tinha muito medo da Bruxa!

Para quem não sabe ou não lembra, o filme da Branca de Neve é um pouco sem história, HAHAHA. É a primeira princesa da Disney e está muito no padrão "conto de fadas".

Se você parar para pensar na história da Branca de Neve, vai ver que é meio sem noção. Pensa comigo: ela é jovem, feliz e cantarola na floresta. A bruxa — de quem eu morria de medo — vê uma menina linda, boa e que agrada a todos, que conversa com os animais, que faz sucesso por ser... fofa. ❤️
A bruxa, então, contrata um caçador para matar a princesa. Só que ele não consegue e fala que ela fugiu pela floresta. Nesse meio-tempo, a Branca de Neve precisa achar um lugar para ficar. O que ela faz? Resolve entrar em uma casa com... sete anões. s-e-t-e anões. E passa a morar com eles. Vamos combinar, querendo ou não, são sete caras e ela é amiga deles, cuida de tudo na casa para eles, enquanto estão trabalhando.

A bruxa volta a agir: *"O que eu vou fazer com essa menina? Darei uma maçã enfeitiçada, ela vai dormir profundamente e só vai acordar com um beijo apaixonado!"* Um belo dia, a Branca sai, aceita ingenuamente uma maçã da bruxa, come e cai em sono profundo. Os anões descobrem e ficam muito chateados. Providenciam um caixão de ouro e cristal, onde ela fica até a chegada inesperada do príncipe. Ele a beija, ela acorda e os dois vão embora no cavalo branco dele.

LINDO, NÉ?

A Branca de Neve é uma princesa clássica. Pensando bem, eu não sei por que eu gostava tanto dela assim, hahaha. Tipo, eu gosto da Branca justamente porque ela é uma princesa clássica, mas hoje eu tenho muito mais interesse em outras do que nela.

E vocês? De qual princesa vocês mais gostavam ou gostam?

Acho a Branca de Neve incrível porque tem carisma e o dom de conquistar todos à sua volta.

Ah, tem a Bela, de *A Bela e a Fera*, que é muito boa também. Eu adoro! Gosto por conta dessa loucura de ela ser forte e encarar uma fera. É muito bonito, porque, embora a Fera depois vire um príncipe, ela é uma princesa que se apaixona por uma fera e que está disposta a passar por isso. Ele é horroroso e, para ela, a feiura não é um problema. Ela vê a essência dele, quem ele realmente é. Ela sabe que ele não é toda aquela fera, porque ele tem um coração. E ainda tem toda a história da rosa, do relógio, do bule, da xícara... Acho lindo, lindo, lindo.

Também curto a Bela Adormecida, mas confesso que ela é a mais sem sal, HAHAHA. É uma princesa neutra. Ela também cai no sono profundo e sinto que essa parte deixa a história um pouco morta.

Gosto muito da Pocahontas. Sei que muitos não lembram dela, mas ela é ótima! Ela tem um lance da Moana. Só que o filme foi lançado em uma época nada boa e não encantou as crianças. Pocahontas é mais máscula, tipo a Moana. A Moana é uma versão mais moderna e atual da Pocahontas.

A Tiana, de *A Princesa e o Sapo*, é muito eu, HAHA!

É um filme muito engraçado, porque a princesa consegue transformar o sapo em um príncipe e o príncipe volta a ser um sapo. Mas o mais legal é que a Tiana foge dos conceitos clássicos. Ela é muito princesinha, maravilhosa e negra. Todo mundo achava que a melhor amiga dela, uma patricinha, seria a princesa da história, e não a Tiana, só porque é negra... Adorei, porque ela quebra os preconceitos e cresce muito no filme. Ela se encoraja.

O fato de eu acreditar nesses seres e personagens tem um impacto no meu trabalho, sabiam?

Minhas personagens, para mim, são como uma pessoa construída. Está tudo ali, desenhadinho. Eu só entro naquilo. Empresto meu corpo, minha mente. Estou disposta a fazer tudo para tornar realidade aquele esboço. É como se estivesse tudo montadinho: como ela pensa, como se veste, como fala, como anda, quais são as características dela, como ela encara a vida, como é a personalidade, o jeito, já está tudo ali — é como se eu só vestisse a personagem, entendem? E, depois que acaba, eu saio do molde e deixo ele ali: para fazer história! 😊

Fotos do filme *Meus Quinze Anos* | Créditos: Stella Carvalho

SeaWorld Parks & Entertainme
Leo Mayrinck

Lari Radical

Minha primeira vez na Disney foi aos treze anos. Tinha uma vontade enoooorme de conhecer e levei vantagem porque, com essa idade, eu já podia ir nos brinquedos radicais. Então, foi duplamente legal. Primeiro, porque eu ainda tinha aquela magia da Disney (sempre tive e sempre vou ter) e, segundo, porque já podia entrar em todos os brinquedos.

Gente, eu amo MONTANHA-RUSSA, eu amo SIMULADOR, eu amo ELEVADOR DO TERROR. Vou revelar para vocês uma versão minha que poucos conhecem: aqui nessas veias corre sangue radical.

A Disney é uma novidade para mim ainda hoje. Para vocês terem uma ideia, em 2016 eu chorei quando o Mickey falou comigo. SÉRIO! Foi muito doido. Gente, na primeira vez, ele só estava ali. Parado. Sorrindo. Mais nada. Eu podia muito bem achar que era apenas uma pessoa no lugar dele. Mas foi um choque muito grande quando ele abriu a boca e...

F-A-L-O-U 😱

O sonho de menina, aquele sonho de conhecer a Disney, não muda. Fui mais de três vezes lá e sempre é uma novidade. Cada vez, é diferente, especial e novo. É como se fosse a primeira. Eu me entrego como me entreguei na minha estreia nos parques.

Para quem nunca foi, vou descrever.

A Disney tem quatro parques.

O Magic Kingdom é o meu preferido. Não dá para chegar lá e pensar: "Nossa, vou fazer um monte de coisa!!!" NÃO. É um parque muito grande e você tem que ter calma para ver as coisas, porque é tudo tão bonito que você fica deslumbrada, sem foco. Você tem que curtir o momento, o que quer fazer na hora, os brinquedos nos quais quer ir. O Magic Kingdom não é um desses parques onde você vai achando que vai ser super--rápido e você vai viver coisas hiper-radicais e se divertir muito nos brinquedos. Não! É um parque mais tranquilo, mais família, sem grandes emoções. É um parque mais clássico, com história, magia, encanto, show, apresentações a cada hora. E é tudo muito perfeito, agrada todo mundo. *And...* tem o castelo.

Esse castelo é um sonho! 😮

O FAMOSO CASTELO DA CINDERELA É TIPO... O CRISTO REDENTOR NO RIO DE JANEIRO.

HAHAHA

Já o Hollywood Studios é um parque pequeno, e tenho a sensação de que dá para conhecer tudo bem rápido lá. Se quiser repetir brinquedos também é bem legal. É um parque com mais aventuras, como a montanha-russa do Aerosmith e o Hollywood Tower, um elevador do terror que despenca de uma altura enorme. Eu gosto muito desse parque por causa desses dois brinquedos. Para mim, é o mais legal, porque sai do padrão da Disney e vai para um lado mais adrenalina, mais radical. Minha cara. 😉

O Epcot é um parque que parece mais conceitual. E tem que ser, afinal, está ali para "fazer história". É um parque um pouco mais cansativo, com algumas atrações, mas não tem muito o que fazer lá. O legal é que foi um dos primeiros a ser construído. É nele que tem a bola do Epcot, que com certeza vocês já viram em algum lugar. Há muitos senhores e senhoras que vão lá pelos restaurantes, porque tem uma vila gigante com áreas reservadas para representar diferentes países, com atrações, comidas e bebidas típicas. Não é só um parque, é uma volta ao mundo!

O Animal Kingdom é muito, muito, muito maneiro. É o maior parque da Disney, porque tem uma área extensa para os animais. Eu gosto dele, porque, bem, vocês sabem do amor que eu tenho pelos bichos, né? (Contei isso no *O Diário de Larissa Manoela*, mas não canso de repetir.) Lá tem um ambiente muito gostoso onde você se sente em vários lugares diferentes do mundo: uma hora na África, outra na Ásia, depois na Oceania. E é muito acolhedor, para a família mesmo. Você está perto dos bichinhos, tem contato com eles, pode vê-los, e esse contato é muito legal. Não é sempre que a gente fica tão próximo deles, não é mesmo? Então, é um parque muito natureza.

Bem, depois de ter escrito um pouco sobre cada parque, falo agora de um que é SEN-SA-CIO-NAL: o Islands Of Adventure. Ele não é na Disney, mas fica bem perto. É na Universal. Eu amo a Universal por causa dos filmes que eu adoro, e, caraaaaa,

deixa eu falar para vocês: o simulador é lá! Se vocês gostam de brinquedos que simulam coisas, vão para lá. Na Universal tem Harry Potter, Homem-Aranha, várias montanhas-russas, como a do Hulk, a Rockit, a da Múmia, as duas montanhas-russas do dragão. É algo que você chega e fala:

"Noooossa, isso aqui é iradoooo! Meu sangue está correndo a mil nas veias. Radical!"

É emocionante, coração disparado,

MUCHO

MUCHO

LOCO!

Tem ainda o Sea World e o Busch Gardens. O Busch Gardens é outro sensacional, porque eu curto o negócio da magia (vocês sabem, né?), mas gosto MESMO é da parte radical. Eu fecho com todos os brinquedos. Adoro todas as montanhas-russas de lá. A primeira vez que eu fui deu um medinho, mas eu encarei todos.

O Sea World é um dos meus preferidos, porque, além do show com os animais, as montanhas-russas são muito boas. Em dezembro, conheci o Discovery Cove, pertinho do Sea World, e amei, porque tive um contato mais próximo com os animais aquáticos, como o golfinho e o leão-marinho, que são os meus preferidos.

SeaWorld Parks & Entertainment/
Leo Mayrinck

NEW YORK, NEW YORK

Fiquei louca para conhecer Nova York depois de ver uns filmes que se passam na cidade, como *Os Caça-Fantasmas* e *Homem-Aranha*. Acho que a minha relação com musicais, depois que eu fiquei sabendo que a Broadway era lá, também despertou em mim uma vontade muito grande de ir. Fora os outros atrativos: Ano Novo na Times Square, a Quinta Avenida e tudo mais.

Faz bem pouco tempo que realizei o sonho de conhecer Nova York. Aconteceu em dezembro de 2016, depois de passar uns dias em Orlando.

Nova York é uma cidade que é muito a minha cara:

NÃO PARA NUNCA!

Todo mundo lá está sempre fazendo alguma coisa. A cidade é muito iluminada. Todo mundo está sempre a todo vapor. Você vê as pessoas sempre ligadas. Eu me imaginei morando lá, sabia? Lembra muito São Paulo, uma cidade que também não para.

A primeira coisa que chamou muito a minha atenção: eu não fazia ideia de que as ruas em Nova York eram infinitas. É sério! Você não consegue ver o fim. Isso é muito legal. Dá para perceber que todo o projeto da cidade é muito bem pensado e muito bonito. É algo que tem muito lá: prédio, prédio, prédio e tudo lindo. Você deve estar pensando: "Como assim? Uma cidade só com prédios? E as outras paisagens naturais?". Mas em Nova York é diferente. A graça da cidade é essa: você vê que ela foi feita para ser assim, planejada desde sempre, desde os prédios antigos às grandes construções, sempre com muita iluminação.

Foi muito emocionante pisar lá. Quando eu fui à Times Square e depois à Quinta Avenida (ou Fifth Avenue, para os íntimos, hahaha), eu me senti dentro de um filme. Ver os lugares onde eles foram filmados, ir a museus, sair, fazer compras, tudo é muito bom e gratificante! Eu fazia tudo isso e pensava:

"Putz, sempre sonhei com isso. Sou muito grata por realizar mais um sonho..."

É a emoção de estar perto daquilo que você ama, o teatro, e ver que ali bate o coração de tudo. É muito doido porque lá tem um teatro para cada peça. Não é como no Brasil. A peça não fica revezando, tipo, faz uma temporada aqui, depois sai, depois volta... É um teatro montado para cada peça. Já imaginou? Isso é *muitooo* extraordinário. Eles pensam nisso de uma forma muito boa e inteligente. É uma indústria.

Nessa minha primeira ida, eu assisti a uma peça. Mas eu vi A PEÇA. A peça que eu amo. Tem gente que vai adivinhar. Qual será?

SIIIIIIIIM! VI O FANTASMA DA ÓPERA.

EU E MINHA AMIGA MHARESSA

Foi bem marcante, porque eu gosto muito, muito, muito desse musical. Quando eu e minha família abrimos as opções de peças em cartaz, falei:

"Tem que ser *O Fantasma da Ópera*. Tem que ser logo de cara, porque se não der tempo de ir, vou ficar muito frustrada."

E foi só emoção!

Se alguém me perguntar o que sei de *O Fantasma da Ópera*, minha resposta é: TUDO, porque sou louca pela história. A primeira vez que vi foi em DVD com o meu pai, mas eu já tinha ouvido falar da história muito antes, quando eu estava no elenco de *A Noviça Rebelde*. Então, *O Fantasma da Ópera* sempre foi uma grande referência de musical. Todos falavam: "Está há vinte anos em cartaz na Broadway." E eu pensava:

"Ahn? 20 anos? Como assim?"

É realmente uma emoção muito grande estar lá. Você se arrepia! Assistir àquilo que eu sempre sonhei foi de tirar o fôlego. Eu ouvia as pessoas comentando quando eu tinha sete anos, e já tinha assistido várias vezes ao filme. Quando finalmente vi a história sendo apresentada bem na minha frente, pelos mais TOPS da Broadway, foi algo inexplicável. Eu assisti e me arrepiei inteira do início ao fim, principalmente quando tocaram as músicas principais. Eu não conseguia parar de chorar. JURO. Era um rio de lágrimas.

Minha família lindaaa!

PAI GILBERTO

Um detalhe importante: foi muito emocionante quando nós – Silvana, Larissa e eu – sentamos no teatro. A gente se olhou, todos emocionados e chorando, porque o maior trampolim da carreira da Larissa foi o teatro. Isso é muito claro na história dela. Foi o teatro que a projetou para a TV, para o cinema. A gente sente isso. Nós temos essa sintonia. Quando assistimos a uma peça dessa grandiosidade, remetemos isso à nossa história, à história da Larissa.

Durante a peça, foi muito difícil, porque rolava o choro compulsivo, rolava muita emoção, e eu estava deslumbrada. Nunca mais queria sair daquilo.

É muito bom realizar nossos sonhos.

MEUS 16 anos

Afinal, como é ser uma adolescente de dezesseis anos?

Quando paramos para pensar, é muito doido, né?

Quando eu tinha dez, onze anos, lembro que me perguntava como seria quando eu tivesse dezesseis. Hoje, aos dezesseis, penso como serão os meus 21. Só que quando eu tiver 21 vou lembrar o que eu pensava da vida aos dez e depois aos dezesseis anos, e vai ser a mesma coisa. É muito doido. Já aconteceu isso com vocês ou só eu sou a maluca aqui? HAHAHA!

Passa tudo muito rápido. Tipo, muito rápido mesmo! Parece que foi ontem que tudo aconteceu. Ouço com certa frequência de quem é mais velho:

"Eu lembro como se fosse ontem os meus dezesseis anos. Que idade gostosa! Aproveita porque passa muito rápido, hein?"

Lembro também que falavam isso quando eu tinha onze:

"Ah, aproveita que vai passar rápido. Logo, logo você já vai ter dezesseis."

Eu só pensava: "Ah, não, ainda vai demorar muuuuuuuito..."

E hoje estou aqui, aos dezesseis, vivendo exatamente o que eu pensava...

Bem, o que exatamente eu pensava? Quando era mais nova, o que eu mais queria na adolescência era menstruar e fazer quinze anos. **#ProntoFalei** Era só isso. Eu falava muito desse assunto. E, quando esse momento chegou, não foi bem uma decepção, mas caí na real. Tipo: é só isso? Não era bem assim que eu pensava. Por exemplo: menstruação não é legal. É algo que vai fazer parte da sua vida até a menopausa. É algo que as meninas esperam muuuuuuuito para acontecer e aí quando acontece é, tipo, *forever*.

A minha festa de quinze anos foi algo com que eu sonhei muito. MUITO! E na hora passou tão rápido... Eu achei que o momento seria mais duradouro, sabe? Só depois saquei que o pré foi o mais demorado, porque a festa em si... vishh... passou muito rápido. Claro que vivi cada emoção. E claro que nas gravações do filme *Meus Quinze Anos*, pude sentir de novo a emoção da minha festa. Não foi a mesma coisa de reviver o meu momento, mas acho que a emoção foi igual. Na valsa, por exemplo. Senti várias emoções. Na cena do filme, eu tinha que repetir várias vezes. Então, eu senti várias coisas. No dia da minha festa, foi um sentimento e SÓ.

SER ABORRESCENTE É LEGAL? :D

Hoje, vivo a adolescência. Já escrevi que muita coisa do que eu achava antigamente não se confirmou. Eu achei que ia ser um pouco diferente, tipo...

"Ai, serei uma adolescente supertranquila e não terei conflitos."

OI?

Ao atingir os dezesseis, percebo que rolam conflitos e mais conflitos. Sei que, hoje em dia, muitos adolescentes são terríveis. Alguns são muito mais rebeldes do que os de antigamente, verdadeiros "aborrescentes". Eu achei que ia meio que passar dessa fase. MAS NÃO.

Além da minha personalidade ser muito forte por conta do meu signo (sou capricórnio), eu acho que eu sou uma adolescente um pouco complicada de lidar, às vezes, confesso. Tenho todas as características de uma adolescente anônima, mas, além disso, por ser uma pessoa pública, tenho a responsabilidade social da Larissa Manoela. Então, são duas coisas:

1 Quando você é uma adolescente anônima você lida somente com seus problemas de adolescente normal.

2 Quando você é uma pessoa pública, conhecida, é outra história (falarei disso mais para frente).

A Lari adolescente tem os mesmos conflitos que uma adolescente anônima. Converso com as minhas amigas da escola, que têm uma vida normal, e elas passam pela mesma coisa. Tipo:

- sou teimosa
- um pouco geniosa também
- um pouco esquentadinha
- meio revoltada, às vezes
- meio respondona, dona de si

Não que eu seja respondona a ponto de ser grosseira, mas eu nunca deixo barato. Não que eu sempre retruque também, porque eu escuto bastante, gosto de ouvir as pessoas e os mais próximos, mas eu sempre tenho algo para responder *na lata*. Acho que isso é muito do meu signo, que é forte, muito terra, muito chão, muito direto. Meu lado teimoso vem, em boa parte, do meu signo. Outras coisas já são típicas de adolescente: uma vez ou outra responde aos pais, ou acha que só ele está certo. Minhas amigas são assim e passam pelas mesmas coisas.

Achei que não ia passar por certos dilemas, mas eles começaram a mexer comigo depois que fiz dezesseis. São coisas momentâneas que me vêm à cabeça na hora da raiva. Tipo:

"Quero desistir de tudo e não fazer mais nada"

Não quero mais ser cantora.
Não quero mais ser atriz.
Não quero mais ser conhecida.

Hoje, eu entendo por que certos artistas às vezes piram e surtam. Porque, como eu, além deles terem a vida normal, de estudante, de fillha, de amiga (afinal, somos seres humanos), ainda temos toda a responsabilidade de sermos conhecidos e formadores de opinião.

Em certos momentos, sozinha, pensei em desistir. Falei:

"EU QUERO SER UMA ADOLESCENTE COMUM, COMO AS MINHAS AMIGAS DO COLÉGIO SÃO."

Só que, ao mesmo tempo, eu sei que nunca mais vou ser uma adolescente anônima, porque mesmo que tudo mude, sempre vão lembrar quem foi Larissa Manoela. E, sinceramente, largar tudo está meio fora de cogitação no meu mundo hoje, na minha realidade. O amor pelo meu trabalho e pelos meus fãs são maiores

😘 😘 😘

que tudo. Por isso, meus amores, não se preocupem que não largarei nada, porque amo o que faço e amo vocês.

Juro que eu achei que essas questões não fossem rolar, mas vieram com tudo depois que fiz dezesseis anos e passei por um mar de coisas. Pensei: "Eu encaro super bem minha adolescência, sou a menina maaaaaais tranquila..." Parece tudo perfeito, e é o que todos acham, mas não é!

Vivo dois conflitos: a adolescente anônima e a adolescente que é conhecida por todos. São duas coisas que não são fáceis de lidar. Você é um ser humano normal, que vai passar por todas as fases de crescimento, desde criança, adolescente até se tornar adulto. E você é uma pessoa pública.

É só pensar: você passa por um monte de emoções. Há um misto delas: tem a chegada da pré-adolescência, algo meio "quero e não quero", do tipo, a adolescência te chama, mas ao mesmo tempo a infância está ali e também te puxa de uma certa forma. Então, você começa a ter pensamentos que não são concretos ainda — porque você ainda não chegou na adolescência e ainda quer resgatar aquilo que está ficando para trás. É uma fase bem misturada mesmo. Mas é também muito boa, porque você vai conhecendo coisas novas, vai se questionando

sobre os porquês da vida, refletindo sobre as coisas que viveu e como quer levar essas experiências para o futuro.

Apesar de minha pré-adolescência ter passado e a adolescência hoje estar a todo vapor, eu nunca perdi o meu lado brincalhona, de criança, e isso está muito claro na minha mente. Hoje, eu sou um misto desses dois lados. Quando crescer mais, minha maturidade vai estar muito mais aflorada do que a minha parte infantil, mas ela sempre vai existir. Na pré-adolescência, já tive uma fase de fantasiar bem mais que hoje, mas ao mesmo tempo eu era uma criança responsável. Então, vivi e vivo nos extremos: muito infantil com uma ponta de maturidade e, daqui a um tempo, muita maturidade com uma ponta da infância.

Eu digo madura, mas me considero quase madura. Meus pensamentos são muito maduros, porém as minhas ações muitas vezes ainda não são. Mas eu sinto que estão caminhando para isso. Eu não sei se é porque eu ainda não sou maior de idade e não posso fazer tudo sozinha, mas bate uma vontade de ser mais madura para ganhar minha independência, sabe? Sou louca para ser independente. Minha mãe vive batendo nessa tecla. Ela quer que eu cresça.

Mas a minha relação com a minha mãe é um capítulo à parte.

Amor DE MÃE

"Quando a gente fica junto tem briga, quando a gente se separa, saudade"

Trecho da música "Amor Covarde", de Dorgival Dantas

A música "Amor covarde", da dupla Jorge e Mateus, é perfeita para definir a relação entre mim e minha mãe.

Meninas, resolvi escrever este capítulo porque sei que o relacionamento de uma menina adolescente com a mãe nem sempre é dos melhores. Escuto vários relatos de outras meninas, e também vivo em casa conflitos que acho normais. Afinal, estamos crescendo, temos ideias que nem sempre compartilhamos com as nossas mães. Vamos lá...

Eu sou muito, muito, próxima da minha mãe. A gente não vive uma sem a outra. Mas... preciso confessar que os gênios aqui são muito, mas MUCHO fortes. A gente sempre bate de frente uma com a outra.

Com o meu pai, não. Eu me dou 100% com ele. Somos muito parecidos. Eu não sabia disso, mas o meu ascendente é peixes e o dele é aquário. Então, estamos muito ligados.

Como não quero colocar só a minha visão — e a minha mãe merece, vai! —, vou abrir um espaço para ela escrever este capítulo também.

Ela se dá muito melhor com o Beto do que comigo, embora nós sejamos mais amigas.

O meu pai me entende mais — não que a minha mãe não me entenda.

É verdade!

Eu me pareço mais com ele.
O meu lado artístico, por exemplo, veio dele.

Eu sou muito sincera com a Larissa. Sou muito real com ela. Às vezes, eu digo: *"Larissa, você está horrível!"*. Mas não é para baixar a autoestima dela, pelo contrário. É um choque de realidade, porque ela sabe que pode melhorar. Muitas vezes, para ir a um evento, ela troca oitocentas vezes de vestido, porque eu digo: *"Esse não está bom! Esse está feio!"*. Sou tão sincera que teve um dia que falei: *"Larissa, quer saber? Vai com qualquer um. Porque lacrar hoje, você não vai!"*. Hahaha!

Gente, aí eu falo: com uma mãe dessa, não preciso de inimiga. HAHAHA!

Mas é para o bem dela, ela sabe. Em compensação, quando acho que está bom, eu elogio mesmo: "Você está linda, maravilhosa."

Minha mãe é uma pessoa um pouco difícil de lidar por tudo isso que ela fala. Às vezes, tenho vontade de falar: *"Putz, por que a minha mãe não é diferente nesse aspecto?"*

Mas sei que isso também me ajuda muito, porque eu acho que pode ser ruim, mas é bom. **Ela é a pessoa que mais me conhece,** só que tem um gênio forte, é LEONINA!!! Por isso, batemos de frente às vezes, mas no fim dá tudo certo!

E, no final, sabe quem acaba cedendo?
Eu!

Só que a Larissa é tão tinhosa que desde pequenina é uma daquelas crianças que vai tomando a sopa pelas bordas. Quando pequena, ela nunca fez o tipo: "Eu quero isso, eu quero aquilo." Ela é assim até hoje. Ela diz: "Mãe, quando der, você compra para mim?" E como dizer não? Então, na medida do possível, a gente dá um jeito de comprar. E, até hoje, ela continua sendo assim. É claro que agora há conflitos maiores, que antes não existiam, mas eu sempre cedo. Eu acabo fazendo as vontades dela, porque de alguma maneira ela vai comendo pelas beiradas e me convence.

A Larissa é assim: a gente fala, fala, fala, e não adianta. Até os quinze anos, era uma beleza. Ela concordava com tudo o que nós falávamos. Foi depois dos dezesseis que as coisas mudaram um pouco. Até os quinze, nossa sintonia era maior. Ela concordava, aceitava mais, tanto em questões profissionais quanto em coisas pessoais, como escola e namoro. Mas, quando ela completou dezesseis, mudou.

Gente, minha mãe não sabe o que é ter dezesseis anos. Sei de cada história de outras amigas com as mães... Elas afrontam as mães, coisa que nunca passou pela minha cabeça fazer. Quando falo em afrontar, me refiro a coisas absurdas, como fugir de casa, sair sem rumo, sem avisar, ou fazer coisas para provocar do tipo fumar, beber. São coisas que saem do controle e que uma mãe não admite. Isso não pode acontecer.

Para mim, o que faço é muito de boa. A desobediência é normal, em alguns casos, e faz parte dessa idade e do que estamos vivendo. São muitas transformações. Acho que é um pouco de hormônio, né?

Minha mãe chega e fala: *"Você está muito rebelde!"* Eu fico, tipo: *"Meu Deus, minha mãe não sabe o que é ser rebelde, muito menos o que realmente é ser rebelde com a mãe."*

Eu e ela somos muito parceiras, muito ligadas, ficamos quase vinte e quatro horas juntas, mas é muito doido quando ela se aborrece e diz: *"Eu vou abrir mão de tudo. Não quero mais saber de nada. Agora quem vai tomar conta sua vida é o seu pai"*.

É porque eu vejo certas coisas que eu sei que não vão dar certo. E, aí, como é que eu vou deixar a minha filha num negócio que sei que não vai acabar bem? É lógico que eu vou tomar a frente.

Gente, eu preciso tanto da minha mamis que, quando ela se ausenta, eu tenho crises. Crises gástricas, hahaha.

Literalmente. Ela teve até que ir ao hospital. Aconteceu de verdade, em março de 2016, quando eu e o Gilberto fomos para a Itália.

As coisas aconteceram de repente. Pensava que estava ótima: "Não. Eu não preciso deles. Está tudo certo..." Só que uns negócios estranhos começaram a me atacar. Acho que eu não estava me permitindo sentir saudade.

Na maior parte do dia, eu não sentia muita falta deles, porque estava trabalhando, gravando. Mas, amoresssss, quando eu chegava em casa, parecia um vazio. No dia a dia, quando os meus pais estão em casa, não precisam nem conversar comigo. Eu sei que eles estão lá, sei que estão ao meu lado.

Depois de uns dias sentindo esse vazio, tive crise estomacal, uma dor muito absurda, muito forte. Nunca senti isso antes. Foi emocional mesmo. Não consegui ir à gravação. O SBT teve que cancelar dez cenas no dia porque fui para o hospital e precisei ficar de repouso em casa até os meus pais voltarem.

SABE QUANDO PASSOU? QUANDO ABRIU A PORTA DE CASA E MEUS PAIS ENTRARAM, HAHAHAHA. MEIO QUE FOI ISSO MESMO.

Por outro lado, eu estava online o tempo todo. Falava com ela, falava com o pessoal que trabalha com a gente. Ficava preocupada, vendo o WhatsApp a todo momento.

Meus leitores amados, sei que vocês querem saber como a minha mãe fica quando eu namoro. Vou ser objetiva: ela se envolve mais do que eu, hahahaha!

E me envolvo mesmo. Sofro mais que ela! Sofro por ela e sofro até pelos namorados.

Eu juro que eu não entendo o porquê disso. Muitas vezes, ela sai em defensa deles ao invés de ficar do meu lado. Pô, sou filha dela, hahaha!

Porque, às vezes, é a Larissa quem está errada!

É, mas às vezes minha mãe pensa muito mais nos outros que estão comigo do que em mim. E aí, eu fico tipo: *"Pô, é minha mãe. Ela deveria estar sempre comigo!"*.

Mas eu não posso ser conivente com as coisas que eu vejo que são erradas, mas que ela acha certas. De maneira nenhuma!

Mas eu não vejo problema da minha mãe fazer isso. Ela pode falar: *"Isto não está certo, não sei o que e blá-blá-blá"*. O ruim é que ela não fica do meu lado, certas vezes.

Hoje, minha maior preocupação com a Lari é ela não ser feliz por algum motivo. Não estar bem, não estar feliz. EU QUERO QUE ELA SEJA FELIZ SEMPRE — na profissão, nas amizades, nos relacionamentos amorosos. Em tudo... Tenho mais experiência de vida do que ela. Passei por muitas coisas. Algumas das coisas que ela tem vivido, eu mesma já vivi. Por isso, sei que muitas vezes ela vai quebrar a cara.

Então, a minha mãe às vezes quer me poupar disso. Mas, na verdade, é algo que ela deveria deixar eu aprender. É óbvio que ela não quer me ver sofrendo. Mas, se der errado e eu quebrar a cara, vou amadurecer para não cometer o mesmo erro. Acho importante o adolescente quebrar a cara. Um amigo nosso falou dia desses: *"Se a Larissa viver só de coisas boas, de momentos bons, se não viver momentos ruins, ela nunca vai aprender"*. Então, as coisas não têm que estar sempre às mil maravilhas. Vai chegar o momento em que algo ruim vai rolar, mas minha mãe não quer que isso aconteça.

É meu papel de mãe garantir que tudo esteja às mil maravilhas. Quando a Larissa for mãe, ela vai enteder.

É obvio. Só que, para o crescimento do adolescente, é bom passar por coisas não tão boas. Minha mãe passou por isso e aprendeu. Só que agora ela é adulta e não quer que a filha cometa os mesmos erros. Eu sempre vou achando que pode dar errado, porque minha mãe falou. E se ela falou é porque tem razão, mas eu faço as coisas mesmo assim. Faço para entender, para conhecer. Isso em relação a tudo. O lado profissional, pessoal, amoroso.

Na hora das discussões, não penso muito no lado da minha mãe. Quero mais é sair por cima e não ceder. É ruim, né? Não acho legal essa atitude. Mas depois de um tempo paro e penso: *"Por que será que ela agiu dessa forma?"*.

Eu reparo muito nos meus amigos. O elenco do filme *Meus Quinze Anos* ficou um mês longe da mãe. Quando chegou, matou a saudade. Aí, comentamos: *"Matou a saudade da mãe? Como foi?"*. A resposta: *"Ah, matei a saudade, mas já discuti"*. Não tem jeito, hahaha! Na verdade, você percebe que realmente matou a saudade quando começa a discutir. Por isso, nossa música é e sempre vai ser essa:

"Quando a gente fica junto, tem briga. Quando a gente se separa, saudade."

MEU PEQUENO GRANDE MUNDO

Eu acordo às quinze para as seis da manhã de segunda a sexta.

Siiiiiiim, pois é. Muito cedo! Tirando nas férias, né?

A primeira coisa que eu faço é mexer no celular! Tô totalmente zumbi ainda. Meu celular dorme do meu lado, quase na minha orelha, para eu acordar, senão eu não consigo. Às vezes, minha mãe me acorda, mas não é sempre. Então, eu mexo no celular logo cedo para ver se eu recebi alguma mensagem. Tem vezes que eu respondo dormindo e o que digo não tem nada a ver com o que a pessoa perguntou, hahaha. JUROOOO! É muito sem graça. Fico muito sem jeito, porque eu respondi, tipo às CINCO da manhã. O que eu vou falar para a pessoa?

Lembro que, certa vez, eu estava conversando com alguém à noite e dormi. Deixei essa pessoa no vácuo, porque eu simplesmente apaguei. Acordei de manhã, entrei no chat com outra pessoa, que me chamou depois que eu dormi, e lembrei o assunto que eu estava conversando com a primeira. OLHA A CONFUSÃO! Ela perguntou uma coisa e eu respondi outra, totalmente nada a ver, hahaha! Às vezes, eu faço isso. Que vergonha! Vontade de enfiar a cara na areia.

MAS A CULPA É DO HORÁRIO. GENTE, É MUITO CEDO, HAHAHA!

Eu não gosto de acordar cedo. Eu não funciono cedo. Geralmente, quando eu estou filmando, só pego no tranco umas onze da manhã ou meio-dia. É nesse horário que começo a engrenar mesmo. Senão, tenho que, tipo, parar para recarregar as baterias. Curto muito mais a noite. Funciono melhor, sabe? E eu gosto muito de dormir. Se pudesse, dormia sempre até umas duas da tarde. Tempos atrás, eu dormia pouco, umas cinco ou seis horas por noite, mas agora mudei um tantinho meus hábitos, por causa da minha saúde. Sono é muito importante, gente! Importante para nossa energia e nosso crescimento. Ultimamente, tenho dormido mais. Mais de oito horas!

Quando acordo, tudo é cronometrado. Eu olho o celular e conto quanto tempo que eu tenho para tomar banho.

Vocês fazem isso também?

Eu coloco o celular para despertar às quinze para as seis da manhã, mas às vezes eu levanto dez para seis ou... SEIS HORAS. FERROUUUU! Coloco um horário adiantado para ver se eu posso enrolar um pouco mais. Eu sempre calculo, porque eu vejo se dá para demorar mais no celular ou no banho. Quando não dá mais para enrolar na cama, eu levanto e vou direto para o banho. Todos os dias de manhã, eu tomo banho, porque não consigo despertar se não for com banho. A ducha é quente. Preciso — NECESSITO — jogar uma água no corpo para dizer pra mim mesma:

"Bom dia, Larissa, o dia começou!"

Depois que eu saio do banho, coloco o uniforme e calço o tênis. Entro na cozinha, tomo um café da manhã bem saudável. Geralmente, é um pão integral com requeijão light, queijo cottage e peito de peru. Tem vezes que como cereal com iogurte sem lactose, coisas assim. Comida light é algo recente na minha vida, porque agora estou cuidando mais da alimentação. Antes, eu era meio *trash*. Comia pão com ovo frito, leite com achocolatado, coisa bem gordurosa, HAHAHA!

Depois, escovo os dentes, passo perfume e dou um tapa no cabelo.

Saio de casa umas vinte para as sete se quiser chegar no colégio às sete. Minha mãe geralmente me leva. Passo cinco horas e quarenta minutos no colégio. Além das aulas normais, tenho um intervalo de quinze minutos.

O QUE VOCÊS COSTUMAM FAZER NO INTERVALO?

Gente, eu como! Hahaha, SÉRIO! Eu tenho bastante fome. Ultimamente, tenho fechado mais a boca. Então, tomo um iogurte, como uma fruta, uma barrinha de cereal, um biscoitinho integral, um salgado com massa não calórica... Também estudo num colégio modelo, e eles são veganos, então não tem nada de origem animal.

Depois eu volto para casa.

Volto bem exausta do colégio. Tenho vontade de me jogar no sofá e dormir a tarde inteira. Mas, quando eu tenho um trabalho, preciso ser muito rápida, porque eu chego em casa já quase uma da tarde. Então, tomo banho (sim, galera, mais um banho — NECESSITO), almoço e corro para o SBT porque eles precisam de mim às duas da tarde. Aí, começa a preparação: maquiagem, cabelo e figurino. Temos que ficar prontinhos para rodar até duas e meia. As gravações começam por volta desse horário.

Às cinco da tarde, temos uma pausa de quinze minutos para lanchar. Nesse tempo, eu como e mexo no celular.

As gravações no SBT acabam às oito da noite. Volto para casa e janto. Meu cardápio varia muito. Eu não como muita coisa à noite, porque eu fico meio pesada. Pizza? Só de vez em quando. Geralmente, quando não tem visita em casa, eu não como muito. Só se tiver algum petisco que meu pai faz ou algo do tipo. Só para não dormir em jejum, com fome.

Durmo em seguida e, no outro dia, acordo e é a mesma coisa.

Agora, quando não estou em gravação, é difícil não ter compromisso à tarde também. Faço até três atividades: algo relacionado a música, ou sessão de fotos, às vezes tem reunião à noite também. E, no meio de tudo, resolvi fazer academia.

Quem fica comigo e acompanha a minha rotina, fala: *"Larissa, você é louca! Da onde tira tanta energia?"*. Ai, meu Deus! Hahaha! Eu não sei, minha gente. Funciono muito depois que pego o embalo, sabe? Tenho um ritmo muito doido. Sou da noite. Normalmente, funciono melhor quanto mais tarde for. Acreditam que, depois de um show, de pular, de cantar, de dançar, eu tenho muita energia? Eu danço igual a uma louca. É difícil desligar, porque minha cabeça fica a mil. Por mim, eu faria mais um show na sequência. Ou, então, iria para o show de outra pessoa só para curtir.

Eu sou bem elétrica, sempre fui. Curto dançar, estar com todo mundo, ficar acordada até altas horas da madrugada. Tenho muita disposição para fazer as coisas, porque eu gosto. Fico animada do tipo:

"VAMOS FILMAR!"
"VAMOS GRAVAR!"
"VAMOS DUBLAR!"
"VAMOS DANÇAR!"
VAMOS. EU ADORO!

Com toda essa agitação, é difícil eu ter tardes livres. Quando estou sem nada para fazer, eu fico meio doida. A minha vida é 100% agitada. Então, quando não tenho nenhuma atividade, sinto um vazio e fico muito mal. Nunca consigo ficar um dia em casa, tipo, morta no sofá, dormindo a tarde inteira. Eu dou uma dormidinha e às cinco da tarde estou no shopping, vou ao cinema

ou à casa de alguma amiga, ou a galera vem na minha, saio para jantar, vou para uma festa ou aniversário de alguém. Arrumo alguma coisa para fazer. Não consigo ficar sem fazer nada.

Mas nem sempre as coisas foram assim, gente. Calma! Haha! Eu ficava muito sozinha quando cheguei a São Paulo. Não tinha muitos amigos aqui. Nunca fui de muitos amigos, para falar a verdade, tinha só o meu pai e a minha mãe, e mal tinha brinquedos na cidade. Lembra que eu contei no *Diário* que eu brincava de contar aviões na pensão onde morava? Pois é. Então, quando não tinha correria, era meio difícil porque eu ficava sem fazer nada ou esperava o resultado de algum teste. Mas, às vezes, era uma correria, tipo: ia para o colégio de manhã, à tarde almoçava marmita no caminho, porque aparecia um teste, ou dois, ou três. Em certos dias, eu tinha vários e, em outros, nenhum. E esses dias eram complicados, porque eu sentia a necessidade de fazer alguma coisa e... não tinha nada para fazer, ninguém com quem brincar 😞. Foi um pouco difícil, mas eu soube lidar. No fim, acabava me ocupando com alguma coisa. Ou dormia na parte da tarde ou saía para algum parque. O bom é que tudo mudou... para melhor.

UFA!

Nos finais de semana, geralmente, eu faço show. Faço aos sábados e domingos, quando estou fora das novelas. Nesse caso, chego na sexta à noite ou sábado de manhã na cidade. Faço a apresentação no sábado, vou para o próximo lugar no dia seguinte, para o novo show, e volto para São Paulo na segunda de manhã. Quando alguma novela está no ar, eu gravo de segunda a sábado e faço shows aos domingos. Quando não tem nada agendado eu me ocupo com alguma outra coisa: churrasco na casa de amiga, festinha ou festa do pijama...

Por falar em festa do pijama, eu nunca fiz muitas, mas acho muito legal reunir toda a galera à noite para jogar conversa fora. Eu gosto. Parece muito cena de cinema. Sabe aqueles encontros de filme americano? Tem a cena clássica: festa do pijama na casa de uma das amigas. Isso nunca fez muito parte da minha vida, mas quando surge a oportunidade é muito legal! Mas normalmente são as minhas amigas que vão para a minha casa dormir. Quando vou à casa delas, sempre volto para dormir na minha.

VAIDADES

AMO ME CUIDAR!

Sou vaidosa. Minha mãe me vestia da forma mais arrumada *eveeer*, desde quando eu era bebê, e eu não escolhia as minhas roupas. Depois que comecei a entender e escolher o que eu usava, deu para ver o quanto eu era vaidosa. Quando criança, além das minhas coisas, adorava as da minha mãe. AMAVA. Colocava a blusa dela — que virava um vestido em mim, hahaha. Pegava sapato de salto e saía andando, com bolsa, echarpe, batom. Era a vaidade em pessoa. E olha que eu não fazia escondida. Minha mami sabia de tudo. Imaginem: eu fazia desfile para ela em casa. Meus pais caíam na gargalhada com as minhas palhaçadas. Conforme fui crescendo, comecei a cuidar mais de mim. Tipo, gosto do meu cabelo de um certo jeito ou acho que essa ou aquela maquiagem me favorece mais, me deixa mais bonita.

Gosto de roupas estilosas. Adoro cuidar de cabelo, maquiagem, pele e...

UNHAS

Faço as unhas da mão toda semana, e as do pé, a cada quinze dias.

Adoro cores mais delicadas nas unhas. Não é sempre que gosto de cores fortes e vibrantes. Gosto de francesinha, que também é algo delicado, mas, de vez em quando, abuso mais das cores. Minhas prediletas são francesinhas, esmaltes de cores foscas, prata, nude, rosé, azul mais clarinho. E unha, para mim, tem que ser comprida! Nos últimos tempos, não estava podendo usá-las assim por conta do filme *Meus Quinze Anos*, mas geralmente minha unha é compridinha e quadradinha. Tanto que, quando fui morar em São Paulo, meu pai veio junto e ele me ajudava em tudo, menooooos... cortar unha. Ele dizia que tinha

medo de me machucar. Então, minhas unhas eram todas compridas.

Teve um tempo em que eu roía as unhas. Tive várias idas e vindas. No filme *Meus Quinze Anos*, passei a roer de novo. Durante as filmagens, entrou na minha cabeça que a Bia tinha que roer unha, porque a diretora um dia falou:

"A Bia (minha personagem no filme) não se cuida muito, não. É como se ela meio que roesse unha."

POR QUE ELA FALOU ISSO?

Na mesma hora, baixou a Larissa roedora de unhas e não foi legal. Mas, enfim, passou.

Cabelo, cabeleira, cabeludo, descabelada

Meu cabelo era virgem até os nove anos. Ou seja, meu cabelo era intocado até essa idade. Quando fiz *O Palhaço*, com o Selton Mello, pintei de ruivo. Foi a primeira vez. Nunca tive muito apego ao cabelo. Estava disposta a mudar e queria coisa nova. Quando o Selton falou que teria que pintar, fiquei superempolgada. Pensei que seria uma coisa diferente.

Bastou eu crescer para ficar mais apegada ao cabelo. Acho chique mudar a aparência para um personagem, porque você está doando o seu corpo para ele. É algo extremamente profissional.

Agora, vou contar algumas das transformações que minha cabeleira (hahaha) já viveu.

Depois de *O Palhaço*, a tinta começou a sair, a raiz começou a aparecer e meu cabelo praticamente voltou a ser virgem de novo, porque saiu toda a tinta. E eu fiz outros trabalhos com o meu cabelo natural, como em *Corações Feridos* e *Carrossel*. Logo que terminei de interpretar a Maria Joaquina, eu queria tirar a franja, porque foi algo que me marcou muito. Queria porque queria tirá-la. Fazia anos que estava com franja e não queria mais. Tirei e foi uma das mudanças.

Para *Cúmplices de um Resgate*, eles não mudaram em NADA meu cabelo. Deixaram comprido e sem pintar. Quando acabou a novela, eu queria mudar de novo. NO MESMO DIA em que terminaram as gravações, fui para o cabeleireiro e fiquei loiríssima, com mechas rosas.

E aí veio o filme da Ingrid Guimarães e a personagem não poderia ter o cabelo loiro. Foi, tipo, uma facada no coração quando fiquei sabendo. Afinal, eu imaginava que ficaria loira por um bom tempo. Lá fui eu para o cabelereiro de novo para ficar morenaça, mas com o cabelo beeeeeem escuro, quase preto. Como vocês podem ver, no *Fala Sério, Mãe*, estou com o cabelo bem escuro.

Até gostei da minha versão morena, mas como eu já tinha ficado loira preferi minha versão loira. Quando acabei o *Fala Sério, Mãe*, corri sabe para onde? Siiiiiiimmmm... para o cabelereiro. Quis voltar a ficar loira. Só que isso agrediu muito o meu cabelo. Eu fiquei loira, depois morena, depois loira outra vez. Meu cabelo precisou de MUITA, MUITA hidratação, porque estava realmente maltratado.

Na preparação do filme *Meus Quinze Anos*, perguntaram se tinha a possibilidade de eu ficar morena de novo. Eu reagi:

"SEM CONDIÇÕES!"

Hahahaha!

"Gente, vou ficar careca se eu voltar a ficar morena. Acabei de sair do moreno para voltar para o loiro porque achei que iria ficar melhor assim. Vocês vão ter que dar um jeito de fazer de outra maneira."

Respondi assim, na lata. Tudo em defesa dos meus cabelos! 😃

Foi aí que acharam a solução do spray para pintar todos os dias! Eles falaram que, com o cabelo do jeito que estava, eu não teria a cara da personagem. Perguntei o que dava para fazer. Eles responderam: "Cortar." E eu: *"Hummmmmmmmm... cortar tudo bem"*. Quer dizer, eu fui me acostumando com a ideia de cortar o cabelo. Não foi tão fácil assim, porque ele estava bem comprido, mas tudo bem. Melhor do que a pintura novamente, né?

Eles perguntaram se eu curtia, a gente entrou em um consenso, e cortaram no estilo *long bob*. O bom é que permaneci loira. No filme, estou de cabelo curto e com o spray que me deixou morena. Por mim, não tem problema cortar o cabelo. Curti nos primeiros dias, mas eu não conseguia mais ver a Larissa sem a Bia. Achava que aquele visual era a Bia total. Acabou o filme e corri para o salão. Fiz aplique e uma lavagem profunda no cabelo, porque de uma forma ou outra a cor do spray pigmentou meu cabelo. Então, tive que fazer uma hidratação intensa, uma lavagem reconstrutora dos fios para voltar ao loiro.

Agora, está do jeito que eu quero. Estou feliz.

É uma loucura fazer todas essas mudanças, porque vocês sabem o tempo que a gente fica sentada, né? Meninos, vocês não fazem ideia. Sabem quantas HORAS ficamos ali?

OITO!

É comum durar isso tudo, porque é difícil ficar loira. Se eu quisesse pintar de ruivo, por exemplo, seria bem mais fácil. Loiro é uma cor demorada de conseguir. Nessas oito horas, fico cheia de papel na cabeça para fazer as luzes e clarear até a química ir pegando. A primeira vez que fiquei tanto tempo sentada foi em setembro, quando acabou *Cúmplices*. Cheguei ao salão às quatro e meia da tarde e saí à uma e meia da manhã 😱 . Eu estava ansiosa para ver como ia ficar o resultado. Foi bem demorado, porque a química estava dando trabalho para pegar. Depois, quis fazer mechas cor-de-rosa. Então, meu cabelo tinha que ficar ainda mais branco para pegar as mechas, depois fiz escova e babyliss. Antes, tive que passar um tonalizante para o loiro ficar com uma cor legal e não manchar. É um processo gigantesco.

Os meninos e algumas meninas devem achar muito entediante e dizer: *"Que louca! Nunca faria isso"*. Mas, para mim, não é entediante, não.

Eu gosto do salão de beleza. Você está ali para melhorar, sempre! É algo bom e me deixa feliz, com a autoestima elevada, sabe? Sair do salão loira não tem preço. Dá outra sensação!

Eu gosto muito mais de mim loira que morena

Sempre tive cuidado com o cabelo: lavar com o xampu ideal, hidratar uma vez por semana, passar produto térmico para não agredir o cabelo com chapinha, babyliss, secador. Eu lanço mão desses procedimentos todos. Faço isso para que as minhas madeixas não fiquem desgastadas, porque cabelo é uma coisa que chama atenção.

Espinha, NÃO!

Eu tomo muito, muito, muito cuidado, porque o meu rosto é o que mais aparece. É a imagem que aparece primeiro. Eu, graças a Deus, não tive a fase de espinhas, nem nada, na adolescência 🙏. Tenho cravinhos, acne, e me livro desses probleminhas com limpeza de pele. Mas, espinha, nunca tive.

Sou privilegiada, eu sei.

Cuido muito da pele:

* *lavo*
* *passo água termal*
* *hidratante*
* *filtro solar para não manchar*
* *uso um sabonete específico para lavar*

De manhã, vou de cara lavada para a escola. Vou sem nada. Não gosto de passar nada de manhã. Prefiro deixar a pele respirar, porque à tarde sei que vou ter que passar pelo menos uma base, um pó, um rímel, um batom, alguma coisa. Então, prefiro ir de cara lavada. À tarde, quando não tenho compromisso, eu não uso nada. Mas se me chamarem para fazer um vídeo, tirar uma fotinho para um post ou conversar com a galera no Snapchat, dou um tapinha na make.

De todos esses cuidados que escrevi no capítulo, acho que eu fico mais neurótica com pele. Quando aparece alguma coisa, fico:

"AI, MEU DEUS, AI, MEU DEUS. PRECISO TIRAR ISSO DO MEU ROSTO!!!"

Bolsa da Larissa Manoela?

Elástico para cabelo

Óculos de sol

Carteirinha do plano de saúde

Dinheiro

Perfume

Celular

Escova de dente

Protetor labial

Caneta

Fone de ouvido

Absorvente

Chiclete

Rímel

Remédio para cólica

Carregador portátil de celular

Carteira de identidade

Band-Aid

FAZER O bem FAZ bem

Quem me conhece, sabe. Eu gosto muito de ajudar os outros, de fazer a diferença na vida das pessoas.

Eu acho que transmitir paz, alegria, luz, é um dom que Deus me deu. Lógico que o reconhecimento que recebo de todo o Brasil por conta dos meus trabalhos ajuda muito, mas antes do sucesso as pessoas já falavam para minha mãe que eu estou aqui na Terra com o propósito de trazer o bem.

É muito lindo quando percebo a felicidade das pessoas ao me verem e falarem comigo. Participo todos os anos do Teleton e com muita frequência do Make-A-Wish, uma instituição que realiza o sonho de crianças que estão com dodói no mundo inteiro. Conheci crianças muito especiais na Casa Ronald McDonald, no Graac, na Casa Ninho. Infelizmente, com muita tristeza, soube que algumas se foram. Lembro do Felipe, um menino muito especial, que pegou na minha mão e, sem enxergar direito (pois tem dificuldade de visão), me olhou e disse: *"Você é a menina mais linda que eu já vi"*. FOFO.

É muito lindo ver como MEUS fãs SÃO ESPECIAIS.

Sou muito emotiva. Toda vez que saio na rua, desde pequenininha, e vejo um animal abandonado, tenho vontade de levá-lo para casa. Quando cresci e entendi que, no futuro, eu poderia abrir uma ONG para os animais achados na rua, foi muito melhor. UFA! Então, futuramente, essa será uma solução. Quem sabe? Ter uma ONG de animais. Eu adoro animais, gosto de ajudar, e quero ter a chance de tirá-los do sofrimento. Taí uma oportunidade, porque os bichos são como nós: eles querem carinho, atenção e amor.

Mas o assunto não é esse, amores.

Aiiiii, escrever um livro não é fácil. Preciso voltar ao assunto principal: a diferença que fiz na vida de muitas pessoas. Gosto e me sinto bem ajudando os outros para que todos superem as dificuldades por que passam. Selecionei quatro histórias lindas para vocês. Elas foram escolhidas porque marcaram e transformaram a vida dessas pessoas. E, claro, mudaram a minha também.

Meu avô Adolares, minha avó Silvia e eu

A primeira pessoa que conseguiu melhorar de saúde graças a minha ajuda foi a minha avó materna. Ela sofria de depressão, e tinha hipertensão, além de ser uma pessoa muito triste, insegura e dependente. Tomava vários tipos de medicamentos e fez tratamento psiquiátrico por alguns anos por causa disso. Depois de um tempo, ela também sofreu um AVC bilateral, ou seja, um derrame nos dois lados do cérebro. Continuou o tratamento médico, fez fonoaudiologia, pois o AVC afetou a fala, e aos poucos foi se recuperando. Com a notícia que minha mãe estava grávida de mim, ela imediatamente recriou o ânimo de viver e começou a melhorar. Ela sempre falava: "Agora vou ter uma netinha pra eu ajudar a cuidar e vou ficar boa". E assim aconteceu. Durante a gravidez, ela só foi melhorando a cada dia, enquanto esperava a minha chegada. Quando eu nasci, foi algo maravilhoso, pois o tempo todo ela tinha com o que se ocupar; até os remédios ela foi parando de tomar, a pressão regularizou e tudo melhorou. Eu fui crescendo e nós duas sempre juntas.

Até que, quando eu tinha uns quatro anos mais ou menos, ela sentiu um caroço na mama direita. Era câncer, que ela passou a esconder por anos de todos nós, justamente para não ter que começar um novo tratamento médico, pois ela achava que com isso ela fosse ficar mal de novo e não poderia curtir a minha infância.

Certo dia, no entanto, ela não teve mais como esconder o problema da minha mãe, pois, além do câncer de mama super avançado, já havia também metástase óssea. Ela sentia cada vez mais dores no corpo e estava ficando paraplégica, devido às metástases. Iniciou o tratamento, fez uma cirurgia na coluna para não ficar sem andar e sofreu muito. Ficou bastante tempo no hospital e quase morreu. O médico havia dado poucos meses de vida para ela. Eu sentia que o câncer e novamente a depressão estavam acabando com ela.

Resolvi, então, tornar os dias da minha avó mais felizes ❤. Eu, inocentemente, brincava com ela. Passava maquiagem no rosto dela, incentivava a sair de casa, escolhia as roupas dela. Como estava fazendo quimioterapia, ela tinha ficado sem cabelo, mas isso não era problema para nós... Eu escolhia os melhores lenços para ela, arrumava o tecido de um jeito bem diferente, tudo com o objetivo de deixá-la feliz. A depressão, aquela coisa ruim que ela estava sentindo, aos poucos foi diminuindo. Foi impressionante. Até me arrepio enquanto escrevo isso, porque lembro exatamente como foi. Alegre por estar ao meu lado, por sair de casa e por se sentir mais bonita, o corpo dela ficou muito mais disposto a superar a doença e viver mais.

Se os médicos tinham dado alguns meses de vida para ela, esses esforços simples de amor, carinho e atenção deram uma sobrevida de mais dois anos.

NÃO É MARAVILHOSO, AMORESSSSS?

Mas, infelizmente, depois de algum tempo o pior aconteceu: o câncer voltou. Ela começou a fazer radioterapia, mas a doença já estava espalhada pelo corpo todo e o tratamento não foi suficiente. Ela faleceu. Sei que o Papai do céu fez o melhor pra ela. De uma coisa também tenho certeza: durante um tempo na vida da minha avó, eu consegui fazer com que ela tivesse ânimo para viver. **Sou muito feliz por isso!**

A Vizinha Querida e o Guga

A segunda vez aconteceu em São Paulo. Uma vizinha minha no Morumbi tinha síndrome do pânico. Ela havia engordado horrores, não saía de casa nem descia para passear com o cachorro. A doença era tão séria que até o cachorrinho dela começou a ter crises. Um dia esbarrei com ela no hall do elevador numa manhã em que ela tomou coragem para passear com o cachorrinho... Ela vai me ajudar a contar esta história.

Sheila, cachorrinho Guga e eu

Com vocês, a Sheila:

Um dia, subindo no elevador de casa com meu cãozinho, me deparei com uma menina linda e a sua mãe. Ela, com aquela carinha risonha, falou:

"Que fofo! Qual é o nome dele? Olha, mãe, que lindo! Qual é o nome do seu cachorrinho?"

Respondi que se chamava Guga e tinha poucos meses de vida.

A mãe, simpática, disse: "Você mora nesse andar? Nós também!"

Demos risada porque éramos vizinhas de porta e não nos conhecíamos.

A linda menina, sorridente, retrucou:

"Posso ir à sua casa brincar com ele? Deixa, mãe?"

A mãe respondeu:

"Acabamos de conhecer a moça!"

Fiquei tímida e disse que não havia problema. Aí, a menina se apresentou:

"Muito prazer! Sou a Larissa Manoela e moramos no 103."

Eu, sorrindo, disse:

"E eu moro no 104. Hahahaha".

"Oba, somos vizinhas!! Vamos ser amigas!! Haha!"

Nos despedimos e cada uma foi para sua casa.

Foi assim mesmo. Fiz carinho no cachorro dela. Não fazia ideia do que se passava com ela.

Em questão de minutos, escuto a campainha tocar. Pensei: quem será?

Quando abro a porta, me deparo com a pequena e sorridente Larissa.

"Não aguento. Preciso ver o cachorrinho Guga!"

Sua mãe, Silvana, apareceu:

"Sheila, desculpe, mas ela está encantada com o cachorro e me pediu para vir aqui."

Autorizei, claro.

Depois de um tempo, daquele carinho que fazia no cachorro, começamos a nos aproximar bastante. Eu ia para a casa dela, passava maquiagem, arrumava o cabelo dela, fazia a unha, cantava músicas, via novela.

Não imaginava que aquela pequena estrelinha me traria tantas alegrias.

Eu estava em um momento muito difícil da minha vida. Passava o dia inteiro trancada em casa com inúmeras sensações, sem ânimo, sem disposição, sem esperança, sem vontade, me sentindo com muito medo. Sem contato nenhum com o mundo exterior.

E foi assim que a menina Lari passou a me visitar diariamente, e juntas cantávamos, brincávamos, sorríamos. Foi essa união e companheirismo que me fizeram aos poucos parar de sentir as crises.

Diariamente, ao chegar da escola, ainda com o uniforme, a pequena Lari ia correndo tocar a campainha da minha casa. Eu, ansiosa, a esperava com sorriso no rosto. Foram passando os dias e a minha alegria foi voltando aos poucos. Já não ficava mais deitada, porque a Lari cuidava do meu cabelo (fazia inúmeros penteados), me maquiava, era a minha "personal beauty". Juntas, cantávamos muito uma música chamada "Vermelho", da Fafá de Belém. Amávamos. Essa música me deixava muito feliz. Cantava, sempre que eu sentia que estava ficando triste e que ela ensaiava para cantar em uma propaganda de um grande banco.

A Lari gostava tanto do Guga que eu decidi que ela seria a madrinha dele.

(E ela aceitou sem pensar duas vezes!).

Juntas, cuidávamos do Guga, fazíamos bolo para comemorar seu aniversário, víamos TV e fazíamos lanchinhos.

Não tinha espaço para as sensações ruins, para sentir medo, nem para tristeza. A companhia da Lari me enchia de alegria.

Ela começou a ter autoestima. Lembro que ela passou a querer se arrumar. Toda vez que eu a visitava, trocava o esmalte dela, mesmo se ela tivesse pintado um dia antes. Descíamos para dar a volta no condomínio. O cachorrinho, também com síndrome do pânico, tremia só de entrar no elevador. Tadinhoooo! 😭

Aos poucos, consegui tirar isso dele também. E DELA, que começou a ficar bem mais autoconfiante. (Confesso que minha vontade de ter um cachorrinho veio muito por conta do Guga).

O cachorro dela era um shitzu fofíssimo. Esse aqui da foto abaixo.

Um belo dia, a Silvana tocou a campainha da minha casa e me chamou para ir com ela buscar a Lari na escola. Já tinha recusado várias vezes, pois não conseguia sair de casa. Nesse dia, novamente recusei o convite, mas a Silvana insistiu: "Vamos, sim. Você consegue. Coragem!" Essa é a frase da minha vida! E lá fomos nós, firmes e fortes, no Uninho branco, buscar a Larissa no colégio. Quando a Lari me viu, sua alegria foi contagiante! Logo disse: "Você conseguiu. Agora pode vir todos os dias me buscar!"

A partir daí, não parei mais em casa! Era gravação, lá estava eu. Desfiles, lá estava eu. Fazendo mercado, lá estava eu. Shopping, lá estava eu. No parque, andando de bike, lá estava eu com a Lari. Uma nova Sheila nasceu. Voltei a trabalhar, a fazer as tarefas do dia a dia. Graças à ajuda muito especial da Lari e de seus pais, Gilberto e Silvana, voltei a viver com muita intensidade. Eu e meu marido somos eternamente gratos por isso! Nosso muito obrigado!

Quando saí do apartamento, ela estava curada. QUE FELICIDADE, MEUS AMORES! Essa superação aconteceu graças às nossas brincadeiras. No começo, a minha mãe me acompanhava na casa dela, mas eu e ela ficamos tão próximas que inventávamos brincadeiras malucas. Virei a dinda do Guga. Na minha imaginação, eu colocava o Guga numa agência para fazer comercial de cachorro, hahahahaha. Fiz até um currículo para ele. Quando estávamos prestes a sair, eu já a havia preparado psicologicamente. Saí de lá com a missão cumprida de tirar toda a dor, sofrimento e pânico que ela tinha. Foi a minha segunda missão cumprida.

UFAAA!

O MATHEUS e a vontade de andar

A terceira história vem de um fã que assistia todos os dias à novela *Carrossel* e passou por um momento difícil. Falo do Matheus, que mora em Assis, no interior de São Paulo. Ele era paraplégico, e eu percebi também que ele tinha autoestima baixa, era meio depressivo. Um dia, os pais o levaram ao meu show.

A mãe dele vai me ajudar a contar melhor esta história:

Mudando de um canal para o outro, Matheus se deparou com Carrossel, e foi amor à primeira vista, principalmente com Maria Joaquina. Ele, então, passou a me pedir para inscrevê-lo em vários programas para tentar conhecer a Larissa. Foi o que fiz, mas não obtive reposta. Soube que a ela ia fazer show em Assis e consegui um ingresso.

Ele vinha se recuperando da sexta cirurgia para readquirir a capacidade de andar. Nessa época, Matheus usava cadeira de rodas. Durante o show, ele vibrou, cantou e se emocionou muito. Ficou o tempo todo segurando um desenho que tinha feito para a Lari e tentava mostrar para ela.

Até que ela deu tchau para ele. Nossa! Ele não se cabia de tanta felicidade.

Nós tínhamos conversado com ele sobre uma possível decepção, para prepará-lo. Vai que a Larissa fosse metida igual a Maria Joaquina? Mas aconteceu o contrário. No fim do show, um homem se aproximou e perguntou para o Matheus por que ele estava de gesso. Achei lindo o gesto, pois muitas vezes as pessoas perguntam para mim e meu marido e esquecem que ele é capaz de responder. E eis que esse homem perguntou se ele gostaria de conhecer a Lari.

Meu pequeno mais que depressa abriu um sorriso largo e disse que sim. Foi quando descobri que aquele homem tão gentil era o Gilberto, pai da Lari.

Quando ela se aproximou, a Lari largou o saco de pipoca e deu um forte abraço no Matheus. Os pais dela fizeram o mesmo. Teve um momento em que a Silvana perguntou: "Você imaginava que estaria aqui hoje conhecendo a Lari?". Ele respondeu: "Imaginava!". Matheus é assim. Tem uma luz própria e acredita nos sonhos. Mas não queria passar pelas dolorosas sessões de fisioterapia e não levava o tratamento a sério. Contei para os pais da Lari e ela o convenceu a se empenhar mais.

Comecei a dar conselhos para ele. Falei da importância de fazer coisas que fossem para o bem dele. Ele não tinha vontade de fazer o tratamento para voltar a andar. Dei muito incentivo. A partir daí, ele começou a se animar. Minha maior surpresa aconteceu tempos atrás, no casamento da irmã dele.

Matheus convidou o Gilberto para nos fazer uma visita. Ele disse que um dia iria e, desde então, Matheus começou a se empenhar em todos os tratamentos. Ele colocou na cabeça que na próxima vez que se vissem, ele tinha que estar bem.

Em outubro de 2014, minha filha se casou e o Matheus entraria de muleta carregando as alianças. Mas ele e uma das fisioterapeutas fizeram uma surpresa para nós. Ele entrou sem apoio nenhum. A emoção tomou conta da igreja. O Matheus pediu para que eu mostrasse o vídeo para o Gilberto e para a Lari. Mandei para o Gilberto. Às nove da noite, tocou o telefone de casa. Era a Larissa do outro lado da linha. Queria dar os parabéns e saber do tratamento. Disse que sentia muito orgulho dele.

Desde então, o Matheus já participou de um show dela contando um pouco da sua história de superação e assistiu às gravações de "Cúmplices de um Resgate", no SBT.

Amamos de coração essa família e estaremos sempre na arquibancada da vida assistindo, torcendo e orando por eles.

Fotos: arquivo pessoal

Dinda

Amados, a quarta e última história vem da minha dinda, Sabrina.

Pedi para ela falar com o ♥.

Vai, dindaaaaa!

Eu e a minha família conhecemos a Larissa no pior momento da minha vida. Fazia oito meses que tinha perdido a minha mãe. Eu era filha única, com três filhos pequenos. Minha filha Giulia tinha cinco anos e sofria muito com a perda da avó e com as mudanças que ocorreram com a partida dela. Giulia era muito fã da Maria Joaquina, de "Carrossel". Toda hora, dizia:

"Se a vovó estivesse aqui, ia querer que ela me levasse para conhecer a Maria Joaquina."

Fui realizar o sonho dela. Contratei a Larissa para ir à festa de seis anos da Giulia. No grande dia, eu não sei descrever o que aconteceu. Foi um mar de emoções. Os olhos da minha filha brilhavam e se enchiam de lágrimas:

"Hoje é o dia mais feliz da minha vida!"

Ela observava cada gesto da Larissa, cada momento, como se estivesse sonhando. Vi voltar o brilho no olhar da minha filha, algo que não via há oito meses. A partir daquele dia, Giulia começou a esquecer a perda da avó, que ela tinha como uma referência, e começou a depositar todo o seu carinho e admiração na Larissa. A amizade foi crescendo a cada encontro, foi ficando de lado aquele sentimento de fã e foi entrando o amor de família.

Eu me tornei a madrinha da Lari. Nossos laços se fortaleceram. Hoje, convivemos como uma família. Quando a Giulia passa por uma dificuldade, peço para ela conversar com a Lari. Ela só usava saia, shorts ou vestido se colocasse uma legging por baixo. Pedi para a Lari conversar com ela, e foi como um passe de mágica. A Lari falou que a Giulia ficaria linda só de shorts e, a partir daquele dia, a minha menina nunca mais usou legging com nada.

Sinto que a Lari se tornou uma irmã mais velha para todos os meus filhos e uma filha para nós.

Amo essa foto com a dinda Sabrina

Entre borrachas e apontadores

A gente gasta muito do nosso tempo na escola, não é?

Por isso, pensei com meus botões: eu já contei para vocês como é a Lari na sala de aula, dentro dos muros de um colégio? Não, né?

Eu sou, e sempre fui, uma aluna *na minha.* Gosto de aprender, mas confesso que não gosto tanto de estudar (não deixem as suas mães lerem essa parte, por favoooor, hahaha). É meio doido, mas eu curto aprender coisas novas em sala de aula. Gosto de adquirir conhecimento, o que na verdade é mais legal. Se você fala: *"Ah, vou estudar"*, ok, você vai estudar naquele momento e pode não lembrar daquilo mais tarde. O negócio, para mim, é você APRENDER. Muitas vezes, claro, eu não aprendo tudo. Às vezes, tenho que estudar sério, porque aquela tal matéria realmente não entrou na minha cabeça, mas o básico eu sei, porque aprendi na hora em que a professora falou. Acontece que não é muito a minha cara me aperfeiçoar naquilo que não tem nada a ver com o meu dia a dia — ou seja, se não é do meu interesse e eu sei que nunca vou usar no futuro, eu não curto muito. Do contrário, eu estudo e aprendo. Faço os dois.

Minha primeira escola foi em Guarapuava, no Paraná. Estudei primeiro numa chamada Pequeno Príncipe. Ela era bem pequena — em cada sala só havia seis alunos —, e só tinha Educação Infantil, sem o Fundamental. Fiz todo o jardim lá e, quando saí, fui para outra escola em Guarapuava, onde fiz até metade da segunda série.

Quando cheguei a São Paulo, vivi uma experiência diferente e muito importante: estudei em um colégio público. Foi um grande aprendizado, porque eu estava meio confusa. Imaginem só: eu era bem pequena, tinha os meus amigos no Paraná e larguei tudo. É um choque de realidade. Mas eu aprendi muito, conheci muita gente diferente.

Fiz a metade da segunda e a terceira série inteira em um colégio público perto de onde morava, porque era muito complicado ir até um colégio particular, pela distância. Em São Paulo, as coisas são longe uma da outra. Nesse período, eu e meu pai morávamos na pensão da Dona Eda, perto do aeroporto de Congonhas. Quando tivemos condições de mudar de endereço (deixar a pensão e ir para um apartamento), fui para uma escola nova. Comecei o quinto ano (o equivalente à quarta série) num colégio do Campo Limpo e fiquei lá até o oitavo ano.

Um detalhe, meus amores, que não posso deixar passar foi o ano em que estudei sem ir ao colégio. Eu estava muito sobrecarregada no início de *Cúmplices de um Resgate*. Vocês devem concordar que não é fácil interpretar gêmeas que aparecem em quase todas as cenas. Eu estudei a distância para me poupar e o SBT concordou, porque a emissora é superpreocupada com os estudos dos atores mirins. Tinha aulas em casa com pedagogas que vinham até mim. O acompanhamento era feito todo na minha casa, eu entregava os trabalhos no colégio e fazia as

provas bimestrais lá também. Foi algo muito novo na minha vida, porque, pensa comigo, é muito bacana conviver com o pessoal da escola. Além de estar lá para aprender, você ainda acaba fazendo amizades.

Imagina, então, você não ir à escola. Pensou? Pois é. FOI UM ANO DE MUITA SOLIDÃO! Eu estava sozinha, éramos somente a professora e eu, que me ensinava e tirava as minhas dúvidas. Eu não vivia aquele esquema legal de conhecer gente nova no colégio. Em resumo, foi uma experiência diferente de aprendizagem, mas não tem preço estar em uma sala de aula, por causa da convivência. Além disso, na escola você pode tirar dúvidas com todo mundo. Às vezes, a dúvida do seu amigo também é a sua, ou a dúvida dele era algo que você tinha na cabeça, mas não sabia como dizer e explicar. Quando as coisas ficaram mais fáceis para mim, eu voltei para o colégio e estou lá até hoje. Já, já conto como está sendo cursar o terceiro ano.

ADIANTO PARA VOCÊS QUE A MINHA TURMA É

MARA!

MEU Jeitinho

Quando eu estava no pré e no ensino fundamental, fazia o estilo popularzinha da escola. Era a menina de quem todos os meninos gostavam, andava em grupinho, mais precisamente o bondinho das patricinhas, as bonitinhas que os meninos curtem e com quem querem ficar (não ficar, ficar, né? Nós éramos pequeninhos. Estou dizendo mais no sentido de ficar ao lado, pertinho, dar moral).

Conforme cresci e comecei a viver o mundo da Larissa Manoela famosa e reconhecida, acabei não ligando tanto para a popularidade. Sabem aquele aluno que não faz parte do grupo dos populares, não faz parte do grupo dos nerds, em resumo, é completamente neutro?

Prazer, sou eu! Hahaha.

Tipo: em sala de aula, sou só mais uma aluna! Eu me defino como uma pessoa neutra, vamos chamar assim. Não sou nem da turma dos geeks, nem do fundão, nem dos *losers*. Estou bem no meio-termo:

☑ * converso com todo mundo

☑ * vou bem nas matérias, mas não sou a nerd

☑ * não faço parte do grupo dos populares, mas de vez em quando ando com eles

☑ * sou amiga da galera que fica mais "excluída" também para que eles também não fiquem excluídos

Não se surpreendam: sou um zé-ninguém na sala de aula. É um perfil que muitos estranham. Eu teria tudo para ser do grupinho das populares, das cobiçadas pelos meninos, das patotinhas e cheia de razão, mas

NÃO.

Não sou nada disso. Não mesmo.

Na escola, gosto muito de ser apenas a aluna que está ali como qualquer outra. Quero ser mais uma. Estou ali para estudar e não para causar alvoroço e ser o centro das atenções. Querendo ou não, para todos do colégio, eu sou uma pessoa popular. Todo mundo me conhece. Mas eu não quero ter privilégios por isso, entendem? Não é porque eu sou uma pessoa muito conhecida que um professor não vai chamar a minha atenção quando eu estiver falando na hora errada. Vocês já, já vão saber quando isso aconteceu.

Com as crianças, o assédio é maior e eu atendo todas com muito carinho. Não dá para ser menos popular com elas e fingir que é tudo natural, porque imagina você estudar com o seu ídolo.

OMG! Não quero nem pensar se eu estudasse no mesmo colégio que a Selena Gomez.

Eu me sinto como se estivesse no meu show todos os dias. É muito doido porque faz quatro anos que eu estudo no mesmo colégio e, para as outras alunas, é como se todos os dias eu chegasse na escola pela primeira vez. Elas me abraçam. Às vezes, chega uma, depois outra, vem outra abraçar e começam a se amontoar em cima de mim, porque todas querem falar comigo, hahaha. Elas são muuuuito fofas. Ficam eufóricas de me ver. Às vezes, elas querem só dar um tchauzinho, mas geralmente pedem autógrafo e foto. Eu já soube até de pessoas

que se matricularam no colégio por saber que eu estudava lá, principalmente quando eu fazia vídeo no Snapchat e o símbolo do colégio aparecia de vez em quando. Isso causava o maior reboliço porque os fãs descobriram o endereço.

Talvez seja por conta disso que eu resolvi me isolar um pouquinho, ficar mais na minha e não ligar para isso, ficar apenas com a galera da minha turma, que é super de boa. Para eles, eu sou a Lari aluna e ponto. Sério. Para eles, que se dane quem eu sou fora do colégio E, para mim, isso é MUITO BOM, porque eu realmente busco e quero isso na escola. Estou superconfortável. Não faço questão de fazer parte de nenhum grupo, seja das populares, ou dos nerds, tanto faz. Não. Nada disso. Eu sou eu.

Não me importo em ter o status de ser alguma coisa no colégio, tanto que, às vezes, o próprio colégio me cobra para fazer algumas coisas, tipo cantar em uma apresentação da escola ou participar de alguma peça de teatro que será montada. E eu sempre digo: *"Ah, não, não quero..."*. Eu, muito na educação, respondo: *"É obrigatório? Se todo mundo tiver que fazer para ter nota, eu posso ser da turma do figurino, da luz, da maquiagem, do cenário, qualquer coisa, MENOS ATUAR"*.

Não quero me apresentar na frente de todo mundo para mostrar o que sei fazer. Todo mundo já sabe que eu sei, porque aparece na TV, entro na casa das pessoas diariamente. Mas dentro dos portões da minha escola eu quero ser uma aluna normal.

MEU TERCEIRO ANO

Troquei várias vezes de colégio na vida. Em Guarapuava, eu estudei em dois e em São Paulo em três, mas agora estou mais fixa. Estudo num colégio tido como modelo, em São Paulo. Estou nele há quatro anos. É um colégio muito fechado, pequenino, que zela muito pela questão ambiental e promove ações básicas e positivas, e que se preocupa com a boa alimentação. Para se ter uma ideia, nós temos animais lá. Tem cavalo, vaca, lhama, porco, cabrito. É uma fazendinha mesmo. Temos contato com todos eles. Os bichos estão lá sempre, e as crianças adoram. É um colégio religioso que preza muito por princípios do tipo:

"Deus fez os animaizinhos e eles devem ser bem tratados. Eles vieram com algum propósito..."

De uma certa forma, para falar a verdade, eu fico com dó dos bichinhos, porque eles estão presos, mas, ao mesmo tempo, sei que são muito bem cuidados.

No primeiro dia de aula no terceiro ano, tive uma primeira impressão muito boa sobre tudo. Acredito muito nesse lance de primeira impressão e senti que ia dar tudo certo em 2017.

A turma é menor, bem cooperativa e compreensiva, disposta a aprender coisas novas. Uma turma que não quer, digamos, passar a perna no colega. É muito bom conviver com pessoas assim. Sinto que todo mundo vai ficar unido, junto, perto.

A MINHA SALA DE AULA É PEQUENA. É TIPO UM "OVINHO".

O professor fica muito próximo da gente para explicar e todo mundo fica muito próximo dele. Parece que há mais... como posso explicar?... calor humano! Eles usam bastante a lousa. Tenho onze professores, porque alguns ensinam mais de uma disciplina. É uma sensação diferente ter meus mestres tão perto. Você está ali tendo quase uma aula particular, só para você, com a diferença de que está junto dos seus amigos, o que é bem legal também.

MEUS AMADOS mestres

Olha, eu sempre me dou muito bem com todos os meus professores.

ÓBVIO que tem aqueles que a gente pensa:

"AI, NÃO ACREDITO QUE ELE CHEGOU!"

"ELA É MUITOOOO CHATA!"

"AI, ELA FALA DE UM JEITO ESQUISITO!"

"EU NÃO ENTENDO A EXPLICAÇÃO."

O professor que merece receber o título de melhor professor é aquele capaz de transformar uma matéria muito chata em legal só porque é ele que está explicando. Vocês já tiveram essa experiência?

Todo mundo já passou pela fase dos professores da vida. Eu tive duas. A Adriana, professora da primeira série lá de Guarapuava. Ela era encantadora, bonita, muito fofa, explicava tudo muito bem, era bastante paciente. Ela era incrível. Parecia uma sereia. Era um verdadeiro ídolo para todo mundo.

Minha outra professora preferida foi do colégio público em São Paulo. Ela me marcou bastante e mega me apoiou. Todos os dias perguntava como eu estava, se eu estava bem. Até hoje, a gente se fala. Ela se chama Núbia e é realmente uma pessoa muito querida.

No Ensino Médio, gosto muito de uma professora que é a minha xará, a Larissa. Amores, ela é I-GUAL-ZI-NHA a Tatá Werneck. Ela é muuuuuuuito engraçada e as caras que ela faz são hilárias. Eu caio de rir toda hora. Gente, não é exagero. Se pudesse, levaria todos vocês na minha sala para ver. Ela é MUITO parecida com a Tatá Werneck. Esses dias, ela fez a apresentação dos professores e foi sensacional. Ela tem muito senso de humor. Adoro gente assim.

Mas nem tudo é perfeito. É claro que tem professores que gostamos menos. Acho que temos que saber lidar com eles, porque quando o professor pega muito no seu pé, geralmente é para o seu próprio bem. Sempre me relacionei bem com todos os professores. Sempre tentei conversar com eles, ainda que no fundo, no fundo, eu não os achasse assim tão bacanas.

Nesses casos, eu tento dar aquela entrosada, entende? Puxar uma conversa para não ter problema. Talvez por isso eu nunca tenha tido um professor que me perseguiu.

Acontece que algumas — mentira, muitas, hahaha — vezes chamam a minha atenção em sala. São três os motivos:

1. Pela conversa
2. Porque, às vezes, eu durmo (ai, que vergonha confessar isso)
3. Ce-lu-lar

Os professores chamam muito a minha atenção por causa do celular. A regra na escola é:

NÃO PODE.
ESTÁ TERMINANTEMENTE PROIBIDO CELULAR.
NÃO PODE NO INTERVALO.
NÃO PODE NA HORA DA SAÍDA.
OU SEJA,

F-e-r-r-o-u!

A regra é super-rígida, em teoria. Masssss, antigamente eu dava um jeitinho.

Eu deixava o celular sempre na bolsa. Eu tinha umas técnicas boas que me permitiam dar uma rápida olhada de vez em quando. As mães e os professores de vocês vão me matar, mas nós somos amigos 😉. Isso não significa que vocês têm que fazer o que eu fazia. Meu truque era, de vez em quando, deixar o celular entre as pernas, mas não era simples. Era preciso mexer o corpo todo para disfarçar, hahaha! São alguns truques desse tipo... Tempos atrás, eu estava mexendo no celular descaradamente, na cara da professora, e ela chamou a minha atenção. Foi feio. Perdi toda a razão. Hoje meu comportamento é outro.

Teve uma vez que ela ficou sem o celular e eu tive que ir buscar. Vocês pensam que eu fui? Não fui! Deixei a Larissa esperando um bom tempo até ir lá pegar.

Acho que o celular atrapalha em sala de aula mesmo. Porque ele desconcentra, você perde o foco e precisa prestar atenção no que o professor está falando. Acho que temos que usar com certo limite e responsabilidade. Não pode extrapolar, nem ficar zoando também, porque é uma falta de respeito com o professor.

Amores, se tem algo que detesto é falta de respeito. Ainda mais com PROFESSOR, que tem que ser VALORIZADO SEMPRE. Ele é o nosso mestre, aquele que vai nos ensinar um mundo de coisas. Vi cenas horríveis no passado. Teve um aluno que chamou a professora de "velha", falou que ela não tinha o direito de falar com ele porque ele era mais novo e a professora estava "caindo aos pedaços".

FOI UM NEGÓCIO FORTE
E ACHEI UM ABSURDO!

Não só eu, mas toda a galera da classe. Depois, fomos dar uns toques no menino, dissemos que aquilo seria totalmente prejudicial para ele, além, é claro, de ser uma falta de respeito com o professor.

MEUS CADERNOS coloridos

Sou uma aluna caprichosa com caderno. Tudo é muito certinho, separado por cores. Curto usar caneta colorida, rosa com azul ou verde-água com preto. Gosto de manter tudinho organizado. Não sou de ter muitas manias com o caderno, mas a última folha está sempre rabiscada ou com um desenho.

ODEIO ORELHA DE BURRO.

É muitooooo feio. Quando a página dobra, me dá um nervosinho... Acontece isso com vocês também? Sei que às vezes é meio inevitável, porque você coloca o caderno na mochila e acaba amassando. Mas tem gente que não tem o cuidado de não colocar o braço em cima do papel quando está escrevendo, e isso é garantia de orelha de burro no seu caderno. Eu não sou assim, gosto de deixar tudo bonitinho.

CHEGARAM AS PROVAS
Aaaaaaaaaaaaa

aaaaaaaaaaaaaah!

Em dias de prova, eu não costumo estudar muito. (CALMA! PRESTEM ATENÇÃO: como vocês sabem, eu estudo E trabalho, e as coisas ficam mais corridas. Mas quem não trabalha DEVE estudar MUUUUUITOOO!!!)

Minha tática é:

Prestar atenção nas aulas!

Em casa, se eu pego o livro e tento estudar, na hora não me vem o conteúdo que o professor explicou. Então, eu presto atenção, tiro dúvida, escrevo no caderno, e, de manhã, no caminho para o colégio, vou lendo a matéria para relembrar. São quinze minutos no carro. Eu vou lendo, quietinha. Faço a mesma coisa com o texto da novela: leio as cenas indo para o SBT. Nunca consigo ver um dia antes. É claro que, com o texto de uma novela, eu tenho bem mais facilidade, porque na escola tem um monte de fórmulas e regras. Para mim, a minha memória funciona muito melhor quando está fresca.

As matérias em que tenho melhor desempenho são história, português, sociologia e filosofia. De exatas, tem a matemática, física e química, e, por incrível que pareça, eu vou muito bem em física.

Eu tenho duas matérias preferidas, uma em humanas, outra em exatas. São elas:

1. *História* 2. *Física!*

"NOSSA, LARISSA... FÍSICA?"

Sim, física, seus lindos. Aposto que muita gente se surpreendeu.

Eu gosto, porque, para mim, não é algo tão concreto. Não são só os números, tipo matemática. Tenho preguiça de matemática, confesso. São muitos cálculos, tem que resolver todas as razões, entrar em teorema, funções. Trigonometria e álgebra, tudo isso me cansa um pouco 😴. Quando vem matemática, eu fico tipo: *"Aahhhhh..."*

Na física, além dos números e das contas, tem a parte teórica. É muito bacana! Você aprende sobre tudo. Não sei se é só no meu colégio, mas é uma matéria que meio que envolve tudo. A física, ao mesmo tempo que está ligada com a matemática, tem a ver com biologia. Elas se conectam. Também me interesso bastante por biologia. Eu gosto, apesar de não ter muito número. Eu curto mexer com números, para ter uma visão dos dois: da teoria e das exatas. Eu gosto da física por isso: ela te dá essas duas aberturas.

Cola

A TUA PROVA NA MINHA

pra ver se Cola

Esse negócio de colar em prova nunca fez muito o meu tipo, talvez também porque eu nunca tive muita necessidade de colocar isso em prática. Se eu tivesse um motivo para colar, seria para ajudar um amigo. Só que, de uma certa forma, se eu o ajudasse, poderia ferrar o meu amigo e a mim ao mesmo tempo.

MASSSSSSSSSSSSSSSS... COMO TUDO TEM A SUA PRIMEIRA VEZ...

A minha primeira cola rolou no sétimo ou oitavo ano. Sempre fui a certinha da sala, não gostava de fazer nada errado. Então, colar estava fora de cogitação. Só que a sala toda tinha um plano. Quando tivesse uma prova de múltipla escolha, as respostas seriam dadas num esquema com pé e barulho na cadeira. Assim:

Questão 1: era uma batida na caneta. Alternativas A, B, C e D eram, tipo, quatro toques com o pé. Se fosse a "D", eram quatro toques.

Havia esses esquemas. Mesmo assim, o truque chamava muita atenção. A professora percebeu logo no começo: "*Que barulho é esse?*". Um minuto depois, um barulhinho na sala e ela voltou a gritar: "Podem parar!". Eu pensei: "*Nossa, os meninos vão rodar*". Eles acabavam parando, mas sempre tinham outras técnicas. Como sempre fui amiga e parceira de todos, queria ajudar e de alguma forma também ser ajudada.

No dia em que eu colei, acho que foi na prova de geografia. Era uma questão que tinha a ver com a divisa dos países. Eu estava meio perdida. Tinha algumas dúvidas, mas antes não consegui tirar com a professora, porque faltei no dia da revisão. Lembro só que a professora me alertou: "*Vai na sorte...*". Eu estava insegura e pensei:

"Putz, se eu errar algumas outras, essa pode ser a minha chance de tirar pelo menos um seis. Mas se eu não souber essa o que eu vou fazer?"

Aí, veio a ideia da cola. Pensei:

"Será que vale a pena arriscar?"

Nesse momento, ouvi minha consciência dividida na cabeça. Um lado falando: "*Se você fizer isso...*". E o outro falando: "*Se você fizer aquilo...*".

Se colar, VOCÊ PODE:

1. Não ser pega, ninguém desconfiar, se dar bem e com muita sorte tirar uma nota boa

2. Ser pega na lata, zerar sua prova e ter tudo anulado

Essas eram as duas questões na minha cabeça.
Mas a que falou mais alto foi

A COLA

Então, eu colei de uma amiga minha que sabia.

Eu estava nervosa, suando muito, querendo disfarçar, não levando muito jeito com a coisa por ser a primeira vez e...

Enfim, acabou dando tudo certo. COLEI. Não foi algo absurdo. Quando a gente fala "colei", parece tipo "óóóóó", mas eu agi por impulso e saiu. Deu tudo certo. Fiquei com uma consciência pesada do tipo: "Putz, eu não devia ter feito isso, apesar de ter dado tudo certo".

Amores, escrevi tudo porque estou aqui para confidenciar meu mundo. Mas preciso dizer que a primeira opção é sempre estudar, tirar as dúvidas e ser sincero e honesto consigo mesmo e com o professor. Porque ele está ali para te ensinar, e aí você fica com dúvida e na hora cola? Não é bacana. Então, a dica é:

Sempre estudar para ir bem e não precisar colar.

COISAS BOAS

DA VIDA

Amoresss, neste capítulo vou falar de **AMIZADE**, um tema muito delicado e muito especial na minha vida.

Aviso de cara: sou uma boa amiga, muito sincera e me entrego de verdade quando o assunto é amizade. Encho a boca para dizer "essa é minha amiga" ou "esse é meu amigo". Quem é meu amigo, sabe: estou sempre do lado para tudo o que eles precisarem. Podem me chamar e pedir um conselho. Na hora da alegria, eu estou lá. E, o principal, na hora da tristeza, também. Olha, gente, são poucos que fazem assim, porque quando alguma coisa dá errado são poucos que estarão com você. Ou tô mentindo? Acho que **NÃO**.

Sou uma menina sonhadora. Acredito que aceitar uma nova amizade é:

1. *Se entregar para uma pessoa,*

2. *Botar fé de que vai ser algo bom e duradouro,*

3. *Trocar uma ideia com a pessoa sobre tu-do, jogando papo fora.*

Quem tem amigos está muito bem na vida

Quando escrevo AMIGOS são OS AMIGOS. Entenderam por que escrevi em maiúscula? Não falo dos amigos de balada. Não gosto daqueles que são apenas os da balada. Acho que não é um problema ter uma amiga assim, mas você precisa ter consciência de que ela só vai estar na hora da curtição. Nem pense em contar com ela quando estiver na lama, porque ela não vai te tirar do fundo do poço. Essa amiga vai querer estar apenas com quem está de boas curtindo a festinha — que é o que ela gosta!

Eu escrevi no começo desse capítulo, que amizade é um tema delicado, né? Imagino que vocês se perguntaram: DELICADO, Lari? É. Delicadíssimo. Amores, amizade mexe muito comigo. Tipo, muito mesmo. Eu já sofri muito por amizade. Era uma menina de poucos amigos, sem poder contar com as pessoas da minha idade ao meu lado. Eu era muito solitária. Tanto que as minhas maiores companhias na infância eram meus amigos imaginários (lembram deles? ❤️❤️).

Tinha amigos da escola em Guarapuava, mas a amizade não cresceu porque precisei mudar de cidade por causa da minha carreira. Era algo puro, sincero, coisa de criança mesmo.

Minha primeira amiga foi a Vica (na verdade, o nome dela é Victória). Ela é neta da madrinha da minha mãe. Ficou confuso? Pensem nela como minha prima, pois era assim que eu a considerava. Cidade pequena, como Guarapuava, é meio assim... não tem muita coisa para fazer. O que eu fazia? Ficava em casa mesmo. Eu e a Vica não brincávamos muito de boneca. Nossa diversão era combinar looks. A farra era se arrumar. A gente fazia cabelo, maquiagem uma na outra, montava todos os looks, essas coisas. A Vica era a AMIGA DA VIDA.

Mais tarde, fiz uma amiga no colégio, como muitas amizades surgem. Minha amiga era uma menina chamada Angelice. Éramos MEGA próximas. Ela era uma pessoa meio difícil de conviver, tinha uma personalidade forte.

COMO A MINHA PERSONALIDADE TAMBÉM É FORTE, NOSSO SANTO BATEU.

Vamos lá: eu e a Angelice formávamos uma dupla na sala de aula. Não nos misturávamos com o grupo, porque achávamos que éramos as diferentonas da sala. Não que a gente não quisesse se misturar. Eu me dava bem com todos. Era mais uma questão de personalidade. Fora da escola, eu e ela fazíamos festa do pijama, brincávamos de Polly Pocket. Até tive a fase da Susi e da Barbie, mas nós éramos mais ligadas na Polly.

A Vica e a Angelice eram as minhas amigas mais chegadas em Guarapuava. Mesmo assim, o nosso contato não era tão frequente e eu costumava ficar sozinha com os meus amigos imaginários. Não que eu descartasse a possibilidade de ficar com elas para ficar com os meus amigos imaginários e nem ficasse com elas "destratando" os meus amigos imaginários. Eles estavam sempre juntos, mas quando eu ia brincar com as meninas, eles ficavam em casa, né?

Eu sempre fui mais amiga de menina quando criança porque os meninos eram apaixonados por mim. Eu achava que eles queriam alguma coisa comigo, sabe? Então, mesmo eu querendo só amizade, na minha cabeça eles queriam algo, tipo: *"Eu gosto dela e ela está me dando uma chance"*. Gente, que absurdo pensar isso na segunda série, né? Mas, enfim, era o que eu pensava.

Amizade entre meninos e meninas:

EXISTE?

Eis a pergunta que eu escuto por aí. Existe ou não existe? Minha resposta é:

Claro que sim. 👍

Amizade com menino é saudável, mas tem que funcionar de forma natural. Não dá para se aproximar de um deles com uma postura do tipo: *"Ai, vou ficar amiga dos meninos"*. Existem casos, por exemplo, de meninas que não são amigas das meninas. São apenas colegas e elas andam só com os meninos. Acho superlegal. Só que talvez essa relação dificulte as paqueras no futuro, porque como você está no grupo dos meninos, aos olhos deles, você é apenas uma amiga. Vira *friend zone* total, hahaha!

Mas nem sempre achei isso. Quando criança, tinha certo receio de estar na companhia deles. Sabe como é, né? No início da escola, tem muita panelinha e a panelinha das meninas é forte.

Acredito muito que possa existir amizade entre menina e menino, mas na hora certa. Você não é obrigado a ser amiga de um menino se as suas ideias não batem com as dele. Se nessa fase, o seu pensamento bate com o de uma menina, fica amiga da menina, troca uma ideia com ela e tal. E digo mais: quando menores, nós temos a mania de dizer:

"Ai, meninos... eles são tão bobos!"

"Ai, não gosto porque ele faz tal coisa."

Meninas, vamos ser sinceras? Os meninos são meio bobos quando crianças. Que eles não nos escutem 😬. Eu pensava: *"Minha cabeça não bate com as ideias deles"*. Eu tinha uns seis, sete anos. Eu achava eles muito pirralhos e as meninas eram as melhores de todas.

Depois de um amadurecimento dos dois sexos, com o avançar das idades, as ideias começam a bater. É nessa hora que você deixa de achar os meninos bobos. Surge um interesse de saber o que se passa na cabeça deles.

EU E MEU AMIGO GIGA

As coisas começaram a mudar para mim no segundo ano do Ensino Médio, em 2016.

Fiquei muito próxima dos meninos da minha sala. Eu já tinha estudado com eles no nono ano e eles tinham uma péssima impressão sobre mim. Me achavam metida, um pouco como a Maria Joaquina. Impressionante como alguns dos nossos maiores personagens acabam se refletindo na imagem que muitos têm da gente, né? Os meninos achavam que eu não mandava a real, que eu não era sincera, que eu tinha umas frescurites.

Frescurites, Lari?

Sim, frescurites. Eles achavam isso, mas vou fazer uma revelação aqui: eu ficava na minha e não me enturmava mesmo. Então, eles me achavam arrogante. Um dos meninos, o Luan, o GIGA, um dos meus melhores amigos até hoje, mandou a real:

> "NOSSA, você era insuportável, velho! Nós não falávamos com você, porque você parecia uma pessoa totalmente *alone** na vida, não falava com ninguém. Era cheia de frescurites."

**Alone: sozinho*

Eu pensei:

"Pô, que legal!"

A pessoa mandou a real para mim . Eu reagi:

"Fechou! Tamo junto!"

O que aconteceu? Eu fiquei muito próxima do Giga e dos outros meninos da minha sala. Fiquei muito parceira dos meninos. Comecei a andar com o bonde dos meninos. Eu me entendo com eles. Falo a mesma língua deles. Percebi que nessa fase as meninas começam a mudar. Às vezes, rola umas intriguinhas chatas de colégio, uma querendo ser melhor que a outra, ou uma conflitando com a outra, de birra. Não gosto disso. Cansa, sabe? Quando canso de ficar com as meninas, eu logo penso:

CADÊ OS MENINOS?

Porque com menino não tem tanto essa parada de competição, de birra, de intriga. Menino manda mais a real.

E EU AMO QUEM MANDA A REAL!

Eu me sentia sozinha quando cheguei de mala e cuia em São Paulo em busca da minha carreira de atriz. No *Diário*, eu contei para vocês que uma das minhas diversões era contar os aviões que passavam em cima da pensão da Dona Eda, pertinho do aeroporto de Congonhas. Lembram? Essa era a minha diversão. Sozinha. Não tinha amigos, me comunicava pouco com as pessoas e tinha dificuldades em fazer novas amizades. Eu até queria, mas é difícil eu me abrir. Pelo menos, no início. Sou uma pessoa um tanto fechada no início de uma amizade.

As coisas começaram a mudar quando conheci a Geovana. Ela foi minha primeira amiga em São Paulo. Estudava comigo na primeira escola em que eu estudei na cidade, e ela era a minha **BEST FRIEND**.

Nossa amizade aconteceu de uma maneira natural. Não foi por interesse. Ela é uma pessoa simples. Tínhamos até colar de melhores amigas. Eu dei a correntinha da amizade. Estava escrito "best" de um lado e "friend" de outro. Eu via todo mundo usando o colar, mas eu era sozinha, não tinha uma pessoa para chamar de amiga. Com ela, fiquei muito feliz. Acabamos nos afastando, infelizmente, porque eu mudei de colégio. Amizades de escola têm dessas coisas, né? Eu fui para um lado, ela para o outro, e cada uma seguiu a sua vida.

Mas o mais importante foi a lição que tirei dessa história: me senti acolhida numa cidade gigante como São Paulo graças a uma amizade.

Seus lindoooos, eu localizei a Geovana especialmente para vocês. ❤️ ❤️ Olha o que ela escreveu sobre nós:

Quando a Larissa entrou na escola, lembro que ela sentava na primeira carteira. Era muito dedicada e sempre foi uma das melhores alunas da sala. A gente se aproximou muito e, em pouco tempo, tínhamos uma amizade linda! Um dos momentos que me recordo foi quando ela me convidou para a estreia dela no musical Gypsy. Encontrei com os pais dela e fomos para o teatro. Fiquei encantada por dois motivos: foi a primeira vez que eu pisei em um teatro e adorei ver a minha amiga brilhando lá no palco. Ali, vi o quanto ela iria longe. E foi! Entre aniversários, noites das meninas, idas ao shopping e algumas histórias para contar, a Lari sempre foi uma pessoa encantadora, dona de um sorriso que todos admiram, com uma família maravilhosa. Lembro com muito carinho de todos os momentos que vivemos juntas!

Ao chegar no novo colégio, conheci a Juliana Fraga. Essa é uma história muito doida. Acompanhem:

A Juliana não gostava de mim!!

JU-RO! A Juliana era uma pessoa um pouco difícil de lidar. Só lido com pessoas difíceis, repararam? Hahaha!

No colégio, apesar de ser quieta, eu tinha um espírito de liderança. Nos trabalhos em grupo, eu queria mandar, ser a líder, e isso deixava a Juliana muito irritada. Até que um dia ela me mandou um bilhetinho:

"Garota, você não é melhor que ninguém! Você tem que deixar as pessoas fazerem o que elas querem também!"

Gente, ela MANDOU A REAL! Ela não falou mal de mim, mas eu encarei como: *"Essa menina realmente não gosta de mim"*. Ela me olhava meio estranho, não gostava do meu comportamento. Eu chegava e ela saía. Pensei:

"MANO, essa menina tem algum problema sério comigo."

Eu estava mais em evidência nessa época, porque tinha feito o filme *O palhaço*. Lembro que ela mandou outro bilhete:

"Não é por causa do seu trabalho que você é melhor que os outros..."

Decidi tirar satisfações com ela.

Não respondi o bilhete e esperei a hora do intervalo. Quando tocou o sinal, cheguei nela e perguntei:

"Juliana, quero saber o que acontece. Onde eu estou, você não está. Você me olha com cara estranha. Me mandou aquele bilhete. QUAL É?"

Coloquei em maiúscula, mas não falei com raiva. Falei na boa mesmo, para entender o que acontecia.

Ela respondeu: *"É isso. É isso o que eu acho."*

Sabem qual foi a minha reação? Achei ela GENIAL. Muito bom. Gostei demais dessa menina!

Quando se recebe um negócio desse, a reação mais comum é se afastar e pensar algo do tipo: *"Nossa, não quero essa pessoa perto de mim"*. Mas com a Juliana foi totalmente o contrário, porque nós passamos de RIVAIS a AMIGAS. Aliás, não éramos muito rivais, mas tínhamos um conflito. Pensei comigo: *"Essa menina tem razão"*. Foi bem nesse período que fiquei com medo de as pessoas se aproximarem de mim por interesse ou se afastarem de mim também por eu ser quem sou. Ela foi bastante diferente. Jogou a real, desde o início, do que eu estava transparecendo para ela. *"Poxa, que legal, ela está me vendo e não está nem aí para o que eu sou. Ela quer que eu seja uma pessoa normal"*.

Ficamos muito próximas. Fiz o quinto, sexto, sétimo e oitavo anos com ela e saí do colégio. Ela ficou supermal. Nós éramos muito, muito próximas mesmo. Eu podia contar com ela para tudo. Eu ia na casa dela, dormia lá, nos dávamos muito bem. Mas acabamos perdendo o contato também.

O nono ano me trouxe uma turma totalmente diferente. Fui bem recebida. Cheguei meio sem jeito, porque todo mundo me conhecia da TV e eu não conhecia ninguém. Se nas escolas anteriores quando eu era uma zé-ninguém já tinha dificuldade de me abrir, imagina com todo mundo me conhecendo e eu não conhecendo ninguém? Piorou a situação. Só que... a turma me recebeu muito bem. Foi fácil de encarar. O pessoal sabia quebrar o gelo, do tipo que aborda o novato e fala:

"Que bacana! De onde você é?"

E blá-blá-blá. Eu, toda amuada, tímida, respondi:

"Vim de um colégio do Campo Limpo."

(Atenção para quem não mora em São Paulo: Campo Limpo é um bairro da cidade)

"Aaaaaah, mas você não é a menina da novela?"

Detalhe: *Carrossel* já tinha ido ao ar.

"Sou..."

Eu sempre na minha, né? Sem dar muito papo (pelo menos, nesse contato inicial).

Quando o nono ano acabou, me formei no Fundamental II e fiz o primeiro ano do Ensino Médio a distância. Foi uma fase em que não tinha amigos. As amizades mais próximas eram do trabalho: Maísa, Aninha, Stefany, Fernanda, Thay Bergamin, Isabela Amaral, Bella Moreira, Giulia Moreira. Havia também a Giovana Valentino, que conheci num desfile. Voltei para a escola no segundo ano. Voltaram, assim, as amizades fortes com meninos no colégio.

O meu grande amigo era o Léo Belmonte, de *Carrossel*. Não nos desgrudávamos, éramos quase irmãos! Morávamos perto, íamos juntos ao SBT, nossos personagens eram ligados. Ele era o Jorge da novela, metidinho como a Maria Joaquina, hahaha. Fiquei também muito próxima do Thomaz Costa e do Gustavo Daneluz, o Mario, também de *Carrossel*. Na *Patrulha Salvadora*, éramos super-amigos.

Mais recentemente, fora do colégio, fiquei muito próxima do Pedro Motta, irmão da Gabi Motta. A história com ele é engraçada, porque a Gabi Motta era muito minha fã. A gente se conheceu porque ela ia ao aeroporto me ver sempre que eu chegava de algum evento fora de São Paulo. Eram tempos de *Carrossel*. Ela gostava tanto de mim que iam ela, a mãe e o Pedro. O Pedro era o maior bicho do mato. Não abria a boca e tinha vergonha de olhar no olho. Pensem numa pessoa envergonhada. Agora multiplica MIL VEZES. Assim é o Pedro, hahaha.

Pedro Motta e eu

Gustavo Daneluz, Thomaz Costa e eu

Bem, comecei a ficar mais próxima da Gabi porque ela me acompanhava. Achava ela uma boa menina e pensei: *"Por que não virar amiga de uma fã?"*. Começamos a ter uma relação mais próxima. Depois do acidente com o cavalo (lembram que contei no *Diário*?), a mãe dela — que é médica — se preocupou muito. Ela, a mãe e o Pedro começaram a ir direto na minha casa para ver os pontos. O Pedro ia e, de tão tímido, ficava parado, encostado no canto, EM PÉ. Falávamos: *"Pedro, senta! Fica à vontade..."*. Ele só respondia: "Não. Estou bem aqui. Pode deixar". Acho que ele pensava: *"Nossa, eu estou na casa da Larissa Manoela!"*. Ele não me via como uma menina normal.

Depois de um tempo, ele começou a relaxar mais. Quando os três iam na minha casa, ele começou a sentar e trocar uma ideias com a gente. Uhuuuul, superavanço, hahaha! Quando ele começou a falar, pensei: *"Poxa, esse menino é muito legal também!"*. Ao conversar comigo, ele passou a não me ver mais só como uma menina famosa e, sim, como uma menina da idade dele. Os pensamentos batiam. Eu continuei amiga da Gabi, só que a amizade começou a ficar muito mais forte com o Pedro. Olha que louco! Eu era próxima da Gabi, mas passei a ficar muito mais amiga do Pedro, tanto que eu desabafava muito mais com ele.

Hoje, o Pedro é namorado da Mharessa, minha melhor amiga.

Acabamos juntando o Pedro e a Mharessa. Meio que aconteceu tudo junto nos tempos de *Cúmplices de um Resgate*. A Mharessa virou a minha melhor amiga, Pedro virou o meu melhor amigo, e a minha mãe entrou no circuito para juntar os dois. Eu pensei por um momento:

"Putz, o meu melhor amigo vai namorar a minha melhor amiga. E se os dois terminarem um dia? Vou ficar do lado de quem?"

EU E MINHA
AMIGA MHARESSA

SÉRIO.

Tive esse pensamento quando eles começaram a ficar. Mas eu superapoiei, porque ele estava feliz e ela também. É óbvio que vou querer a felicidade dos dois.

A amizade com a Mharessa foi assim: eu a conhecia desde a época do *Carrossel*, porque ela fez uma participação na novela, como a Lola, mas não éramos muito próximas. O que aconteceu depois? Eu participei da escolha dela para *Cúmplices*. Estavam na dúvida entre ela e outra menina, mas gostei de a terem escolhido. Tínhamos trabalhado juntas e eu a achava legal, embora eu não a conhecesse muito bem. A nossa amizade demorou um pouquinho para acontecer. Eu comecei a trocar uma ideia com ela, porque sabia que talvez, pelo fato de ser dublê e não aparecer na novela, ela poderia ficar levemente abalada. A atuação dela foi um grande trabalho. A Mharessa via absolutamente tudo que eu fazia. Quando ela fazia a Manuela ou a Isabela, ela sabia todos os trejeitos. O fato de ficarmos muito tempo juntas nas gravações nos aproximou bastante. Senti que o santo bateu.

Tudo começou com uma simples admiração. Desde Carrossel, quando eu assistia pela TV, eu dizia: "Meu sonho é trabalhar com essa menina." Até que nossa história começou.

Nunca imaginei que uma novela iria nos aproximar tanto assim. A Larissa é a melhor amiga que eu já tive. Nunca imaginei que alguém me entenderia tão bem com apenas um olhar. Eu e a Lari já passamos por **muitas** coisas e todas elas têm um significado imenso para mim. Eu estava junto quando ela alcançou um milhão de seguidores no Instagram, quando ela fez o lançamento do seu primeiro livro, O Diário de Larissa Manoela, quando ela realizou o sonho de fazer uma festa de quinze anos, quando ela perdeu o medo de pássaros em Orlando. E eu pretendo estar com ela em muitos outros momentos. Bom, eu a amo e, aconteça o que acontecer, ela SEMPRE será minha gêmea. Miga, sua loka, minha melhor e minha **fraaaaanjaaa**

BRUNA TATAR

Hoje, minha outra grande amiga é a Bruna Tatar. Eu a conheci no filme *Meus Quinze Anos*. Ela me dá muito conselho e eu conto tudo para ela. Tiro print de tudo e mando. Ela tem todas as minhas conversas, hahaha. Ela me critica, dá bronca, do tipo: *"Poxa, como você fez isso?"*. E acho muito bom. Tem coisas que eu converso com as minhas amigas de dezenove, vinte, vinte e um anos. Sinto que às vezes minha cabeça é de vinte, mesmo tendo dezesseis. Quando tive a oportunidade de conviver com pessoas mais velhas, em *Meus Quinze Anos*, trabalhando no mesmo ambiente, vi que muitas das ideias batiam. Eu era a caçula do filme, mas minhas ideias batiam muito, tanto que o pessoal esquecia que eu tinha dezesseis anos. Para as meninas, eu tinha uns dezoito, vinte anos.

Falar sobre a Lari é uma tarefa fácil! É incrível como a vida traz pessoas maravilhosas quando a gente menos espera. Foi assim entre nós! Tive o prazer de contracenar com a Lari no filme Meus Quinze Anos e o que era pra ser uma relação somente profissional acabou se tornando uma linda amizade! Nós duas temos muito em comum. Hoje, sempre que dá a gente está pertinho. Ou, então, mandamos áudios e fotos. Tive muita sorte de cruzar o meu caminho com o dela.

No capítulo de amizade não poderia deixar ELE de fora: o Amorinhoooo.

Ramon é o meu irmão, o meu amigo, o meu confidente, o meu acompanhante, o meu maquiador, meu conselheiro. Às vezes, ele se coloca até em uma situação de pai, sabiam? Ele chega com conselhos do tipo: *"Larissa, não está legal!"*. Ele briga comigo, fala sério. Ou faz até papel de mãe. Não aquela mãe que vai castigar, mas uma mãe que dá conselhos. Posso falar de tudo com ele, pois ele é O Cara. Minha cara-metade. Um presentão na minha vida. É um tudão!

Nossa história surgiu do nada. Quem o conheceu primeiro foi a Bella Moreira, que fez um trabalho com ele. Eu fazia outro trabalho e, nesse dia, o maquiador faltou e a mãe da Bella indicou o Ramon. Eu me apaixonei. Falei: *"Quero ele forever!"* O santo bateu de imediato. E aí, nossa relação profissional acabou virando pessoal.

A gente se conheceu um pouco antes de ela começar a fazer "Cúmplices". Depois de um tempo, começamos a criar um vínculo de afeto e de irmão mesmo! Digo isso porque o carinho que temos um com o outro é de irmão, pois não estamos juntos só nos momentos bons, de diversão. Eu chamo a atenção dela, ela chama a minha. Quando um não está bem com o outro, dá para perceber. Temos muito essa sintonia. Se não estamos muito bem, um pede desculpa para o outro. A Lari me emociona muito. Em cada show, eu me arrepio, me emociono junto com ela. Além da mega-artista que é, eu conheço a Lari dos bastidores. Conheço a Lari com o pé no chão, sem o salto, sem maquiagem, sem produção. Conheço a sua essência, de fato: moleca, brincalhona, a essência pura que qualquer outra menina adolescente tem. Além disso, ela inventou um apelido para mim. Meu nome é Ramon Amorim, mas certa vez ela me chamou de Amorinho. Tipo, Amorim com carinho. Acabou ficando e, hoje, sou conhecido por muita gente como Amorinho. Amo quando me chamam de Amorinho.

Preciso contar uma curiosidade da Larissa

Cuidado com o que vai contar, Ramon!

Noventa e cinco por cento das vezes que eu maquio a Lari, ela dorme. E dorme real. Dorme mesmo! E, às vezes, ela acorda e esqueceu que eu a estava maquiando. "Oi? Onde? Como?". Eu falo: "Não, eu tô te maquiando. Calma". Aí, retomo. E ela volta a dormir. Só quando eu mexo no olho embaixo que tem que acordar.

Mas ela dorme porque a rotina é pesada.

Lembro um show que fizemos e ela não estava muito bem.

Estava com cólica, "naqueles" dias, bem fraquinha. Só que o público estava tão alegre, tão vibrante, tão participativo, que foi um dos melhores shows que já a vi fazer. Parece que o público devolveu em forma de energia e foi um show incrível, incrível, incrível! Depois de viajar com ela, eu comecei a perceber que, aonde a Lari vai, ela transmite essa energia, essa coisa do lúdico, do artista, da magia. Ela tem esse poder. Ela nasceu para ser artista!

O AMIGO RAMON

Amores, eu sou totalmente

CONTRA

PRECONCEITO.

A minha relação sempre foi muito tranquila com qualquer tipo de pessoa. Tento sempre me colocar no lugar do outro e ver o mundo por uma perspectiva diferente. Ainda bem cedo, no quinto ano da escola, tinha um amigo que era muito rejeitado e criticado por ser diferente dos outros meninos. Ele, por exemplo, usava um tênis de couro. Os meninos da escola achavam um AB-SUR--DO, porque todos eles iam de chuteira para o colégio.

SABE O QUE EU FAZIA?
COMPRAVA TODAS AS BRIGAS DELE.

Ele sofria bullying pesado e não sabia reagir! EU FICAVA REVOLTADA. Ele saía correndo ou chorava em um canto. Eu ia tirar satisfações com os meninos que pegavam no pé dele. Tiravam uma comigo, porque eles não entendiam como uma menina como eu, que também era rejeitada no colégio por ser a famosinha, vai defender outro menino que sofria bullying. Meu objetivo era deixar quem fez o bullying com um peso na consciência. Então, quando eu tirava satisfação, a ideia era fazer com que eles pensassem: *"Mano, será que eu fiz certo? Será que ela realmente tem razão?"*. Mas o que eu acho, na verdade, o que eles pensavam era apenas: *"A menina que sofre bullying vem defender um menino que sofre bullying? Aham"*.

O racismo também eu não tolero.

Meu maravilhoso amigo Jean Paulo sofreu esse tipo de preconceito. Eu também sofria muito quando fazia determinadas cenas em *Carrossel*, nas quais a Maria Joaquina rejeitava o Cirilo. Chegava no canto e dizia que não era nada disso, que eu — Larissa Manoela — não pensava daquela forma. Que aquilo era mentira. Eu defendi também quando soube que fizeram comentários feios na internet sobre o Jean. Se ele recebia alguma mensagem que não o agradava, eu me aproximava dele e dizia: *"Bobagem. Não perca seu tempo vendo isso e não se coloque para baixo."*

Gente, é impossível odiar o Jean. Ele é uma pessoa muito querida. Você ama o Jean só pelo olhar.

Amoressss, vou escrever algo que nunca falei. É um segredo nosso, tá? Os detalhes, eu conto outra hora.

Eu sempre tive vontade de ter um irmão ou uma irmã.

Adotado.

EU TENHO ESSA VONTADE, MAS MUITA VONTADE.

Psiu, conto isso outra hora. 😜

MINHAS frases favoritas

Amores, estamos quase no fim.
AAAAAAAAAAAAAAAAAAAAAH!

Nem eu acredito que está acabando. 😩

Antes de dar tchau, resolvi colocar uma seleção de frases que fazem parte da minha vida, que são a minha cara. Elas refletem quem eu sou e no que acredito. Volta e meia eu as leio, pois elas me ajudam de diversas maneiras. Achei, então, legal compartilhar cada uma delas com vocês.

"Tu te tornas eternamente responsável por aquilo que cativas".

(Antoine de Saint-Exupéry, em *O Pequeno Príncipe*)

"Se você pode sonhar, você pode fazer." (Walt Disney)

"Seja a mudança que você quer ver no mundo".
(Mahatma Gandhi)

"O Senhor é o meu pastor, nada me faltará".
(Salmos 23:1)

"Nunca diga nunca!"
(Justin Bieber, hahaha!)

"O importante não é
vencer todos os dias, mas lutar sempre".

(Waldemar Valle Martins)

"Enquanto houver 1% de chance, teremos 99% de fé".

(Neymar Jr.)

"Ser feliz sem motivo é a mais autêntica forma de felicidade".

(Carlos Drummond de Andrade, em *O Avesso das Coisas*)

"O RATO COME O QUEIJO, O GATO BEBE LEITE E EU... SOU O PALHAÇO".

(do meu amado filme *O Palhaço*)

E para finalizar:

"Você é o que você escolhe ser".

(Hogarth no filme *O Gigante de Ferro*)

Fotos do filme *O Palhaço*.

Diretor Editorial: Omar de Souza
Gerente Editorial: Renata Sturm
Editora: Thalita Ramalho
Ideia original e preparação de textos: Bruno Meier
Revisão: Mariana Moura, Marcela Duarte e Zaira Mahmud
Projeto gráfico de miolo e Diagramação: Typo Studio
Capa: Maquinaria Studio
Fotos de capa e de miolo (estúdio): Rodrigo Takeshi

Este livro foi impresso em São Paulo, em 2017, pela Assahi Gráfica, para a HarperCollins Brasil. O papel do miolo é couchê 115g/m² e o da capa é cartão 250g/m².